C.H.BECK WISSEN

in der Beck'schen Reihe

Kompetent, anregend und allgemeinverständlich beschreibt Manfred Clauss die Geschichte des alten Israel. Die Darstellung setzt ein mit der Überlieferung der Frühzeit, führt weiter über die ältesten Ansätze der Staaten Juda und Israel und die Zeit der Propheten, informiert über die babylonische Gefangenschaft, den Makkabäeraufstand und Herodes und endet mit der Einnahme Jerusalems durch die Römer und der Zerstörung des Zweiten Tempels. Der Leser lernt die wichtigsten Persönlichkeiten des alten Israel kennen und erhält eine Einführung in die Grundstrukturen seiner Politik, Gesellschaft, Wirtschaft und Religion.

Manfred Clauss, Jahrgang 1945, ist Professor für Alte Geschichte. Im Verlag C.H.Beck sind folgende seiner Werke lieferbar: *Kleopatra* (^{3}2003), *Konstantin der Große und seine Zeit* (^{3}2007), *Die römischen Kaiser* (Hrsg., ^{3}2005).

Manfred Clauss

DAS ALTE ISRAEL

Geschichte, Gesellschaft, Kultur

Verlag C.H.Beck

Mit vier Abbildungen und fünf Karten

Die Karten Nr. 1 bis 3 haben Hubert Hillmann und Karl-Heinz Schatz, Eichstätt, gezeichnet; Frau Gertrud Seidensticker, Berlin, zeichnete Karte Nr. 9.

1. Auflage. 1999
2. Auflage. 2003

3., überarbeitete Auflage. 2008

Originalausgabe

Gesamtherstellung: Druckerei C. H. Beck, Nördlingen
Umschlagentwurf: Uwe Göbel, München
Printed in Germany
ISBN 978 3 406 44573 6

www.beck.de

Inhalt

Vorwort

Die Disziplin „Geschichte Israels“ ist gegenwärtig in zwei Lager gespalten. Die Anhänger eines neuen Weges, zumeist als Minimalisten bezeichnet, ziehen das Alte Testament nicht länger als Quelle für die Rekonstruktion der „Geschichte Israels“ heran. Sie betrachten die Darstellungen der Bibel als weitgehend fiktional und ignorieren daher die literarischen Zeugnisse gelegentlich völlig; dies betrifft vor allem die Zeit Davids und Salomos. Dabei spielt auch die Datierung der biblischen Texte eine Rolle, für die weitgehend die exilische und vor allem die nachexilische Zeit angenommen wird. Stattdessen bauen diese Historiker vor allem auf epigraphische und archäologische Zeugnisse.

Die gelegentlich anzutreffende starke Abwertung der literarischen Zeugnisse zugunsten der archäologischen geht von einer Neudatierung mancher Grabungsergebnisse aus. Einer der wichtigsten Vertreter dieses neuen Ansatzes ist Finkelstein, der – sehr vereinfacht formuliert – eine Reihe von Funden, wie beispielsweise in Megiddo, etwa ein Jahrhundert herabdatiert. Damit werden häufig Schichten, die bislang ins 10. Jahrhundert und damit möglicherweise in die Zeit Salomos datiert worden sind, ein Jahrhundert jünger und in die Zeit der Omriden (886–841) gesetzt. Dieser chronologische Ansatz ist heftig kritisiert worden und ist wohl inzwischen überholt.

So umstritten der Zeitpunkt der Redaktion der alttestamentlichen Erzählungen auch ist, so unumstritten scheint mir die Feststellung zu sein, daß eine Fülle des dabei verarbeiteten Materials aus der Zeit der beiden Monarchien Juda und Israel stammt. Daher stütze ich mich nach wie vor eher auf die literarische Überlieferung als auf die kontroversen Ergebnisse der Archäologie und sehe mich auf der Seite derjenigen Historiker, welche die biblischen Geschichten gewiß nicht einfach nacherzählen, aber im wesentlichen eine an der Überlieferung angelehnte narrative Geschichtsschreibung bieten.

Die Bücher des Alten Testaments schildern das Handeln Gottes in der Welt in der Sprache dieser Welt, wie viele andere antike und mittelalterliche Werke, und sind daher für den Historiker Quellen – wie alle aus der Vergangenheit überlieferten Texte.

Das Alte Testament liefert Geschichtsschreibung als religiöses Bekenntnis. Dem steht die eigene Erkenntnis gegenüber, aufgrund derer ich die historische Entwicklung anders deute als die biblischen Erzähler. Sie unterstellten in allen Belangen ein gemeinsames Handeln aller Hebräer und waren folglich bemüht, die ihnen vorliegenden Erzählungen diesem Grundschema unterzuordnen.

Ein Beispiel für solche Anpassung bietet die Geschichte des ‚Retters' Gideon in der Auseinandersetzung mit den Midianitern (S. 20). Insgesamt 32 000 Hebräer waren angeblich für die Abwehr der Feinde aufgeboten worden; in dieser Größenordnung stellte man sich Jahrhunderte nach dem legendenumrankten Ereignis das Heer vor; eine Zahl von nur 300 Kämpfern überlieferte dagegen die Anekdote. Wie reduziert man nun 32 000 Mann auf 300? Dem biblischen Redaktor, jenem unbekannten Autor, der aus zahlreichen Einzelerzählungen eine kompakte Geschichtsdarstellung komponierte, fiel eine ebenso elegante wie amüsante Lösung ein. Jahwe, der Gott der Hebräer, wollte einen spektakulären und Aufsehen erregenden Erfolg, und dieser war nur dann gegeben, wenn eine Handvoll Kämpfer gegen eine massive Übermacht den Sieg davontrug. Also ließ Gideon zunächst diejenigen umkehren, die zugaben, Angst zu haben. So traten 22 000 lieber den Heimweg an, als zu kämpfen, aber 10 000 blieben übrig; dies war aber Jahwe immer noch zuviel. Er veranlaßte Gideon, die Männer um eine Wasserstelle zu versammeln (Richter 7, 5): „Jeden, der mit der Zunge von dem Wasser leckt, wie der Hund leckt, den stelle beiseite; ebenso jeden, der zum Trinken niederkniet" (Richter 7, 5). Die allermeisten der 10 000 knieten nieder und schöpften das Wasser mit der Hand; nur 300 leckten es auf wie die Hunde. Mit ihnen konnte Gideon endlich seine Rettertat vollbringen. Glücklicherweise bewahrt das

Alte Testament derartige Mosaiksteine älterer Überlieferung – wie eben die Zahl der Kämpfer Gideons –, die wir heute zu einem anderen Bild der Geschichte der Hebräer zusammensetzen können als die Redaktoren des Alten Testaments.

Die folgende Darstellung behandelt, so der Titel, die Geschichte des alten Israel. Die Bezeichnung ‚Israel' hat sich eingebürgert, wenngleich sie nicht sehr glücklich ist. Ich dagegen spreche für die Zeitspanne bis zur ersten Zerstörung des Tempels 587 v. Chr. von den Hebräern, wenn ich die Gruppierungen meine, die mit den Kanaanäern zusammen die Bevölkerung der beiden Königreiche Juda und Israel bildeten; Israel werde ich allein für das politische Gebilde des Nordreichs verwenden. Nach dem Ende der Monarchien, seit der Exilzeit spreche ich von Judäa als dem Territorium, in dem die Juden siedelten. Der Band endet mit der Zerstörung des zweiten Tempels 70 n. Chr. Die sich anschließende ‚Jüdische Geschichte' bietet der gleichnamige Überblick von Kurt Schubert in der Reihe ‚C. H. Beck Wissen'.

Noch eine abschließende Bemerkung zu den Geschichtsdaten: Da sich der überwiegende Teil der Darstellung mit der Zeit vor Christi Geburt befaßt, wird in der Darstellung lediglich genauer vermerkt, wenn ein Ereignis nach der Zeitenwende (n. Chr.) stattfand.

1. Frühgeschichte

„Ein umherirrender Aramäer war mein Vater“: Dieses ‚geschichtliche Credo‘ betete jeder Hebräer, wenn er zur Zeit der Monarchien im Tempel opferte (Deuteronomium 26, 5). Er rief sich damit ständig ins Gedächtnis, daß seine Vorfahren nicht Ureinwohner Kanaans, sondern dorthin eingewandert waren.

Um die Mitte des 13. Jahrhunderts hatten drei Großmächte die Geschicke des syrisch-palästinischen Raumes bestimmt: Ägypten, die Hettiter, das Reich von Mitanni. Bereits ein halbes Jahrhundert später war von ihnen nur noch Ägypten übrig, aber auf die zentralen Gebiete am Nil zurückgeworfen. Zwei unterschiedliche, aber gleichermaßen machtvolle Völkerbewegungen waren für diesen Wandel verantwortlich. Von Nordwesten drangen immer neue Wellen von Seevölkergruppierungen über das Meer an die Levanteküste vor. Sie zerstörten teilweise die dort bestehenden Strukturen kanaanäischer Stadtstaaten und waren in einigen Fällen mit Ansiedlungen erfolgreich. Seit dem beginnenden 12. Jahrhundert besiedelten die P(h)ilister die fruchtbaren Küstenebenen des nach ihnen benannten Palästina und drangen im Laufe der Zeit auch in die östlich gelegenen Bergregionen vor. Wie die Hebräer bewahrten die Philister ihre Traditionen über Wanderungen in ihrer fernen Vergangenheit. In der Mitte des 8. Jahrhunderts heißt es dementsprechend bei dem Propheten Amos (9, 7): „Gewiß habe ich (Jahwe) Israel aus dem Lande Ägypten herausgeführt, aber auch die Philister aus Kaphtor.“ Mit Kaphtor war Kreta gemeint oder die Ägäis im ganzen.

Die Philister schufen in der Region eine übergreifende politische Ordnung, den ‚Fünfstädtebund‘, der Gaza, Askalon, Asdod, Ekron und Gath umfaßte. Bei ihren Eroberungen stützten sich diese Städte auf Söldnertruppen sowie schwerbewaffnete Einzelkämpfer, wie sie uns das Alte Testament in der Person des Goliath vor Augen führt (1. Samuel 17, 4–7).

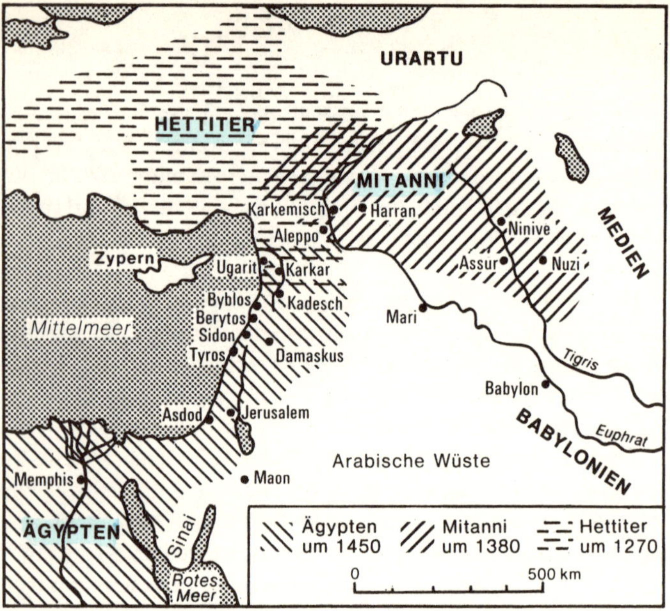

Der Vordere Orient im 2. Jahrtausend

Die zweite Einwanderungswelle kam, zeitlich etwas versetzt, aus den östlichen Regionen der arabisch-syrischen Wüste. Es waren Aramäer, die in kurzer Zeit in Babylon auf friedlichem Wege zur Herrschaft gelangten und die Staatengebilde Syriens beherrschten. In Palästina waren es die Hebräer, die sich dort in der Nachbarschaft zu den Kanaanäern niederließen.

Am Anfang ihrer Geschichte waren die Hebräer Nomaden. Diese Lebens- und Wirtschaftsweise eines umherziehenden Hirtenvolks prägte wesentliche Entwicklungen der gesellschaftlichen Ordnung, und sie wirkte bewußtseinsbildend noch zu einer Zeit, in der man längst nicht mehr in Zelten, sondern in Hütten, Dörfern und Städten lebte. Wie lang und intensiv die tatsächliche nomadische Phase auch gewesen sein mag, in der Rückschau wurde sie immer mehr – wie auch die vormonarchische Sozialordnung – zum Ideal. Und da Vergangenheit vor allem dadurch wirkt, wie sie gesehen wird, und weniger dadurch, wie sie wirklich war, blieb der ‚umherirrende Aramäer' selbst den Bewohnern der Königreiche präsent.

Nomadisierende Lebensweise war immer eng mit derjenigen der Bauern verbunden. Mit ihren Kleinviehherden – Schafen und Ziegen – waren die Nomaden auf Wasserstellen angewiesen, deren gemeinsame Nutzung Absprachen mit den Bauern notwendig machte. Dies galt ebenso für die Sommerweide der Herden auf den abgeernteten Feldern, da die Wüsten und Steppen nur in der Zeit des Winterregens Weidemöglichkeiten boten; zudem tauschten beide Gruppen die Erzeugnisse ihrer Vieh- und Weidewirtschaft beziehungsweise ihres Ackerbaus untereinander aus.

Der Nomade war also auf das Kulturland angewiesen; hierin lag der mancherorts zu beobachtende Übergang zur dauerhaften Siedlung begründet. Oft waren Teile eines Familienverbandes bereits seßhaft, während andere Mitglieder noch den Weidewechsel praktizierten. Auf diese Weise begann die allmähliche Ansiedlung – ein Prozeß, der sich über Generationen hinziehen konnte und keineswegs überall gleichzeitig erfolgte. Dieser Vorgang betraf ohnehin nicht die großen landwirtschaftlichen Zentren, die fruchtbaren Ebenen, die Siedlungsgebiete der kanaanäischen Stadtstaaten blieben.

Die unterschiedliche Lebensweise von Nomaden und Seßhaften spiegelt sich in den jeweiligen Anschauungen der eigenen wie der fremden Existenz wider. Für die Bauern und Städter war der Nomade der „Barbar", der kein Haus sein eigen nennt, den Boden nicht bebaut, rohes Fleisch ißt, kurz die Umgangsformen der zivilisierten Welt vermissen läßt. Mit äußerstem Unmut sahen die Städter den für Nomaden charakteristischen Beuteerwerb, der sich aus ihren ärmlichen Lebensbedingungen erklärt. Gegen derartige Menschen mußte man sich mit Mauern schützen oder gar mit Waffengewalt vorgehen.

Die Nomaden sahen ihre Lebensweise selbstverständlich anders. Sie betonten die Freiheit, das Ungebundensein gegenüber den an einen Ort Gefesselten. Das Geburtsorakel des Ismael bringt das nomadische Selbstverständnis auf den Punkt (Genesis 16, 12):

„Er wird ein Mensch sein wie ein wilder Esel –
seine Hand wider alle, aller Hand wider ihn!
All seinen Brüdern lebt er ins Gesicht."

Die harte Lebensweise bestimmte den Zusammenhalt der nomadischen Familie, die auf die Solidarität aller Mitglieder angewiesen war. Daher prägten strenge Regeln das Leben des einzelnen wie das der Gemeinschaft. Den Schutz des Lebens beispielsweise garantierte die Institution der Blutrache. Sie stellte einem Mörder seinerseits den Tod durch die Verwandten des Opfers in Aussicht. Um dem damit sich zwangsläufig einstellenden Kreislauf der Gewalt zu entkommen, drohte man damit, einen Mord mit einer Vielzahl von Morden zu rächen, was sich – zumindest in den Erzählungen – bis zu jener Prahlerei des Lamech steigern konnte, der sich vor seinen Frauen brüstete, er werde siebenundsiebzigmal gerächt (Genesis 4, 24).

Der nomadischen Lebensweise entsprachen die Gottesvorstellungen. Familiengötter beschützten die einzelnen Gruppen; während Anzahl und Namen der Götter so zahlreich waren wie die Familienverbände, ähnelten sich die entsprechenden jeweiligen Gottesvorstellungen. Die Götter, von denen wir einige namentlich kennen – wie den ‚Gott Abrahams', den ‚Schrecken Isaaks' oder den ‚Starken Jakobs' –, schützten diejenigen, die sie verehrten, und dienten als Schwurgötter. Beispielhaft für die Funktion derartiger Götter ist die Geschichte eines Streits zwischen Laban und Jakob. Als sie sich schließlich doch friedlich einigen, ruft jeder seinen eigenen Sippengott als Garanten des soeben geschlossenen Vertrages an (Genesis 31, 53): „Der Gott Abrahams und der Gott Nahors sollen zwischen uns Richter sein."

Durch die Bindung der Götter an die Person des ehemaligen Familienoberhauptes und die späteren Mitglieder der Sippe war diesem Religionstyp ein Hang zum Historischen eigen, der sich in der Geschichte der Hebräer immer wieder manifestierte.

Darüber hinaus war es später möglich, die unterschiedlichen Erzählungen von im Prinzip ähnlichen Göttern auf die Person eines einzigen Gottes hin umzuschreiben, als das ganze Volk eine einzige große ‚Familie' wurde. So wird im Zusammenhang der Mose-Geschichte Jahwe als Gott gleichsam vorgestellt (Exodus 3, 6): „Ich bin der Gott deines Vaters, der Gott Abrahams, der Gott Isaaks, der Gott Jakobs."

„Ein umherirrender Aramäer war mein Vater, der zog hinab nach Ägypten." Der Aufenthalt von Wanderhirten in Ägypten war vom 15. bis zum 12. Jahrhundert keine Seltenheit. Wenn die Lebensbedingungen der Wüste und Steppe nichts mehr hergaben, zog man in das Land am Nil, in dessen Delta es Nahrungsmittel im Überfluß gab. Diese Züge liefen in aller Regel geordnet ab. Wer auf diese Weise die ägyptischen Grenzposten passierte, wurde registriert und erhielt seinen Aufenthaltsort zugewiesen. In dem Bericht eines Grenzbeamten an den Pharao aus der Zeit um 1200 heißt es (T[extbuch] zur G[eschichte] I[sraels], hrsg. von Kurt Galling, Tübingen ³1979 = TGI 40): „Wir sind damit fertig geworden, die Schasu-Stämme von Edom durch die Festung des (Pharao) Merenptah (1213–1203) in Tkw passieren zu lassen bis zu den Teichen von Pithom des Merenptah in Tkw, um sie und ihr Vieh auf der großen Besitzung des Pharao, der guten Sonne eines jeden Landes, am Leben zu erhalten." Zu solchen Nomaden werden auch die Gruppen gehört haben, die in die späteren Traditionen der Hebräer die Geschichte vom Aufenthalt in Ägypten einbrachten. Nach den biblischen Erzählungen erhielten diese Nomaden Weideland zugewiesen, wofür sie allerdings eine Gegenleistung zu entrichten hatten: Die Ägypter zogen die Hirten zu Dienstleistungen bei Bauvorhaben heran. Diese Forderung rief bei den an Freiheit gewöhnten Nomaden einen Aufruhr hervor, sie ergriffen die Flucht.

Diese Flucht einiger Hebräer aus Ägypten, die sich zeitlich nicht festlegen läßt, wurde zum Fixpunkt der Geschichte, weil sie entgegen aller sonstigen Erfahrung gelang. Man kannte die Ägypter und ihre Streitwagen, denen eigentlich niemand entfliehen konnte. Als die Hebräer entkamen, war dies wie ein

Wunder, ja es war ein Wunder, und das Wunderbare wurde immer weiter ausgemalt. Bald war man nicht nur den ägyptischen Soldaten entkommen, sondern hatte sie besiegt. Obgleich es keine Zweifel an der göttlichen Hilfe gab, verlangte die Geschichte auch einen menschlichen Sieger: So kam die Gestalt des Mose ins Spiel, um den sich im Laufe der Jahrhunderte immer mehr Erzählungen rankten.

Mit der Zeit wurde der Bericht vom Sieg über die Ägypter nicht nur immer weiter ausgeschmückt, sondern auch weiter verbreitet. Was gab es denn auch sonst zu erzählen vom Leben der Nomaden und späteren Bauern? Aus dem Banalen und Alltäglichen ragte dieser Erfolg als einsamer Gipfel heraus. Immer weitere Gruppen vereinnahmten diese Tradition, bis sie schließlich zu Zeiten der Monarchie zu *dem* Gründungsmythos aller Hebräer wurde. Der Auszug aus Ägypten, der *Exodus*, schließlich der militärisch verstandene Sieg über die Ägypter: Dies war als „historische Erinnerung" das Identität stiftende Merkmal der Hebräer. Dieser Mythos wurde nicht nur in Erzählungen festgehalten, sondern auch in dem zentralen Fest, Passah, alljährlich im Kultgeschehen gefeiert.

2. Die Ansiedlung und die Retter

Als die großräumigen politischen Strukturen im Umkreis des späteren Palästina zerbrachen, bot sich in diesem Gebiet die Möglichkeit, das Machtvakuum, wenngleich in bescheidenem Ausmaß, zu füllen. Auf diese Weise errangen die Städte der Kanaanäer ihre Selbständigkeit, brachten die Philister die Küstenebene unter ihre Kontrolle, und eröffnete sich im Landesinneren den Hebräern die Chance zur Seßhaftwerdung. Dieser Vorgang, den man sich *Landnahme* zu nennen angewöhnt hat, zog sich über Generationen hin. Weil die fruchtbaren Ebenen der Küste wie die von Jesreel bereits ‚besetzt' waren, blieben für die Hebräer nur die unattraktiveren Gebiete an den Rändern der Siedlungen. War hier nicht genügend Siedlungsland vorhanden, konnten die noch bestehenden Wälder gerodet werden, um zusätzliche Ackerflächen zu schaffen: Als sich der Stamm Joseph beschwert, sein Siedlungsgebiet sei zu klein, weist Josua darauf hin, daß der Stamm in seinem Bergland mehr Acker habe, als er glaube; es müsse lediglich der Wald gerodet werden (Josua 17, 14–18).

Diese Phase verlief durchweg friedlich, zumindest ohne spektakuläre militärische Maßnahmen. Da die Ansiedlung zumeist in nicht oder nur wenig besiedelten Gebieten erfolgte, war kein Widerstand zu erwarten. Und aufgrund der fehlenden eigenen Möglichkeiten war es den Hebräern verwehrt, sich städtischen Territorien zu nähern oder gar Städte anzugreifen. Die aus der Wüste kommenden Nomaden verfügten nicht über die Waffen, um sich gegen die Truppen der Städte behaupten zu können. Noch bis in die Zeit Sauls hinein (um 1000) verbreiteten die Streitwagen der Philister und Kanaanäer Angst und Schrecken.

Mittel und Erfahrung, um gar die befestigten Städte selbst anzugreifen, fehlten völlig. Für die Hirten waren sie mit Mauern umgeben, „deren Wälle bis zum Himmel stiegen" (Deuteronomium 1, 28). Wen wundert diese Einschätzung, wenn man bedenkt, daß die antiken Mauern Hebrons noch heute neun

Meter stark sind? Wen wundert ferner, daß daher in einigen Erzählungen die Bewohner dieser Stadt als Riesen vorgestellt werden (Numeri 13, 34)?

Da die Ansiedlung also unter wenig spektakulären Umständen ablief, sind kaum Berichte über diese Zeit vorhanden. Nicht Krieg und Kampf bestimmten das Leben dieser Generationen, sondern ein Alltag, der durch Rodung und Urbarmachung, Aussaat und Ernte beziehungsweise durch das Hüten der Kleinviehherden geprägt war. Die alttestamentlichen Erzähler unterscheiden sich nicht von anderen und übergehen derartige Zeiten mit der lapidaren Feststellung (etwa Richter 3, 11): „Da hatte das Land jahrelang Ruhe."

Als sich die Siedlungen jedoch konsolidiert hatten, als die Bevölkerung angewachsen war, da richteten sich immer häufiger die begehrlichen Blicke auf die Talregionen mit den besseren Weiden und den fruchtbareren Ackerflächen. Die zweite Phase der Seßhaftwerdung begann, der *Landesausbau*. Die Hebräer wurden mutiger, selbstbewußter, als es nun hin und wieder einmal gelang, eine feste Stadt einzunehmen und deren Bevölkerung niederzumachen oder zu vertreiben. Die im Alten Testament in diesem Zusammenhang formulierten gleichsam programmatischen Zielsetzungen, daß von den Völkern des Landes niemand am Leben gelassen werden solle (Deuteronomium 20, 16), haben die historische Phase des Landesausbaus allerdings nicht geleitet. Sie haben vielmehr in der späteren Geschichte des Judentums (S. 104) wie dann des Christentums in fanatischen Aktionen fatale Nachwirkungen gezeigt. Die Hebräer blieben auch von Niederlagen nicht verschont, die die Bibel gelegentlich erwähnt (Numeri 13–14).

Auch in anderer Hinsicht bleiben die biblischen Erzähler in gewisser Weise historisch korrekt. Kaum ein Erfolg, der nicht aufgrund einer List der eigenen oder eines Verrats der anderen Seite möglich geworden wäre. Wie wenig sich die Hebräer selbst die Erstürmung einer Stadt allein aufgrund ihrer militärischen ‚Stärke' vorstellen konnten, zeigen die Geschichten der Eroberung von Jericho. Sie sind gewiß beide erfunden, aber auch die Phantasie schult sich oft genug an der Realität.

So werden in dem einen Fall die Beziehungen der Hebräer zu einer Dirne genutzt, die es ihnen ermöglicht, in die Stadt einzudringen. Ihr Haus lag direkt an der Stadtmauer, und sie verabredete mit ihren ‚Kunden', einen roten Faden an ihr Fenster zu binden, um die Stelle zu markieren, an der der Einstieg möglich war (Josua 2, 1–21). Wem dieses ‚Wunder' etwas zu anrüchig war, dem bot man die Erzählung, der Schall der Posaunen habe die Mauern Jerichos zum Einsturz gebracht (Josua 6, 1–20).

Wie schwierig es in Wirklichkeit war, etwas gegen die mächtigen Stadtstaaten auszurichten, zeigt der Bericht über eine angebliche Meinungsverschiedenheit Josuas mit dem Stamm Joseph. Dieser war mit seinem Territorium, dem Gebirge Ephraim, unzufrieden, mußte aber gleichzeitig feststellen (Josua 17, 16): „Das Bergland reicht für uns nicht aus. Die Kanaanäer aber, die in der Ebene wohnen, besitzen eiserne (Streit-)Wagen. Das gilt für die in Beth-Sean und seiner Umgebung und die in der Ebene Jesreel wohnen."

Diesen Zustand bestätigt das sogenannte ‚negative Besitzverzeichnis' des ersten Kapitels des Richterbuches, eine Aufzählung von Kanaanäerstädten, die selbständig blieben. Dieses Verzeichnis ist eines jener Zeugnisse, die näher an der historischen Wirklichkeit liegen als die generalisierenden Erzählungen, mit denen ein angebliches gemeinsames Handeln sämtlicher Hebräer suggeriert wird. Es listet zwei Städteriegel auf, die wir auch aus ägyptischen Texten kennen. Im Süden sind dies die Orte, die sich von Geser über Ajalon bis zum Gebiet von Jerusalem erstrecken. Im Norden bildeten die Städte Dor, Megiddo, Thaanach, Jibleam und Beth-Sean eine weitere Kette, die die Jesreel-Ebene kontrollierte. Diese Querriegel entsprachen einer natürlichen Gliederung der Landschaft, die von den Kanaanäern strategisch und machtpolitisch genutzt wurden. Später operierten auch die Philister von der Basis dieser Städte aus gegen Saul und David. Erst letzterem sollte es im 10. Jahrhundert mit den Machtmitteln der Monarchie gelingen, die Riegel aufzubrechen.

Die geographische Beschaffenheit Palästinas förderte die Zersplitterung der Bewohner in zahlreiche voneinander getrennte

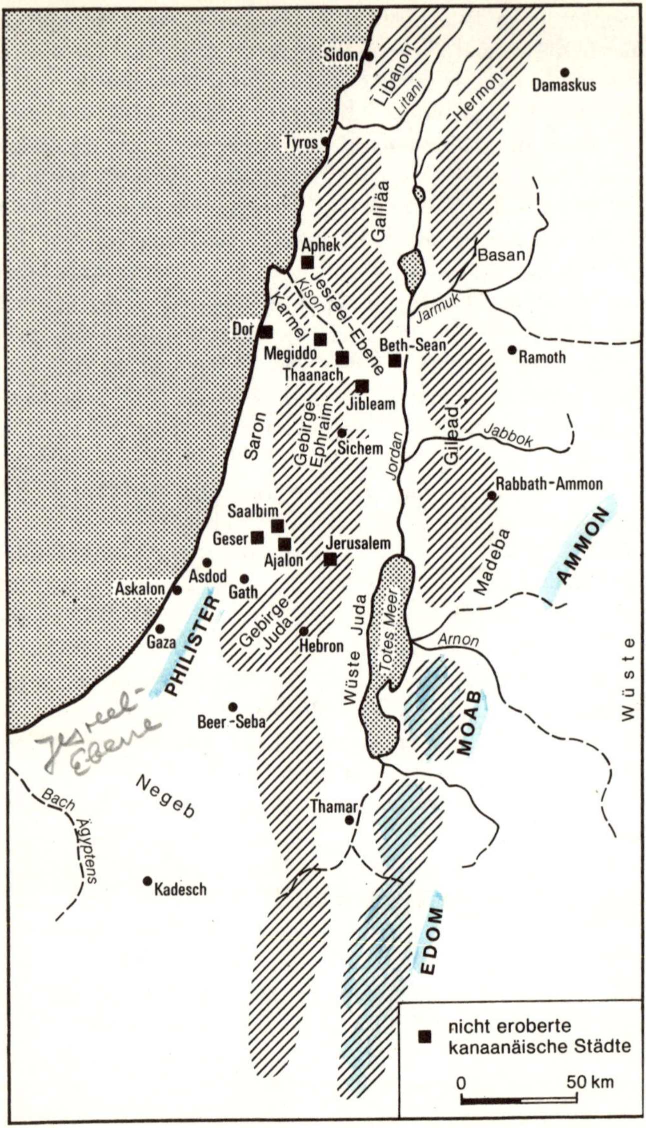

Die geographische Beschaffenheit Palästinas

Siedlungseinheiten. Heterogen wie das Land war folglich auch die Bevölkerung, die es besiedelte. Die Gegebenheiten der Landschaft und die teilweise unterschiedlichen Bedingungen der dauerhaften Ansiedlung führten dazu, daß die sogenannten Stämme in ihren jeweiligen Territorien mehr oder weniger nebeneinander existierten. Diese aus der Frühzeit resultierende Unabhängigkeit der einzelnen Gruppierungen hat auch die spätere Entstehung der beiden Staatsverbände Juda und Israel nie beseitigen können.

Die Aufgabe, die Phase zwischen der Ansiedlung und der Königszeit darzustellen, obliegt im Alten Testament dem *Richterbuch*. Es verdankt seinen Namen den sogenannten Richtern, von denen sich eigentlich in der Königszeit lediglich eine Liste erhalten hatte (Richter 10, 1–5; 12, 7–15). Ansonsten enthält das Werk Geschichten von Rettungstaten einzelner Personen, die aus alten Überlieferungskernen nach einem einheitlichen Schema komponiert worden sind. Dessen Reinform bietet der angebliche Sieg Othniels über einen unbekannten Herrscher. Da offensichtlich nur noch der Name, aber keine Taten Othniels mehr überliefert waren, bastelte man dessen Heldentat aus lauter Versatzstücken, wie sie sonst die übrigen Erzählungen verklammern: Das Volk tat, was dem Herrn mißfiel. Da entbrannte der Zorn des Herrn wider das Volk, und der verkaufte es in die Hand der ... Da schrie das Volk zu seinem Gott, und dieser schickte ihm einen Retter (einen Heiland, übersetzte Luther). Dieser Retter schlug den Feind und befreite das Volk. Da hatte das Land ... Jahre lang Ruhe (Richter 3, 7–11).

Da die einzelnen Retterepisoden voneinander isoliert betrachtet werden müssen, auch wenn der biblische Redaktor mit seinem Geschichtswerk dem Leser suggeriert, ein Retter sei dem anderen gefolgt und habe jeweils alle Hebräer vor einer Bedrohung bewahrt, genügt es, einige wenige zu schildern.

Eine der merkwürdigsten ist die Rettertat des Ehud. Ihre historische Voraussetzung lag darin, daß das Volk der Moabiter nicht nur den Jericho gegenüberliegenden Teil des Jordangrabens kontrollierte, sondern versuchte, sich auch der Westseite des Jordans, also der Gegend um Jericho selbst, zu bemächtigen. Als es dort Tribut verlangte, rief dies den Retter Ehud auf den Plan (Richter 3, 12–30). Als dieser sich entschloß, den Moabiterkönig zu töten, fehlte es allerdings zunächst an der notwendigen Waffe. Er mußte für sein Unternehmen eigens einen Dolch anfertigen lassen, da aus Metall gearbeitete Waffen bei den Hebräern offenbar noch Seltenheitswert besaßen; entsprechend groß sollte später das Bedauern sein, als Ehud nach der Tat die Waffe nicht zurückbringen konnte.

Ehud trifft den König in dessen ‚Palast'; dessen Beschreibung als einfache Behausung spricht gegen eine fest etablierte Herrschaft der Moabiter im westlichen Jordangebiet. Es gelingt Ehud, mit dem König unter vier Augen zu sprechen; dabei stößt er ihm das Messer in den Leib. Aufgrund der außergewöhnlichen Körperfülle des Moabiters bleibt der Dolch stecken. Ehud kann entfliehen, da die Diener des Herrschers, der sich lange Zeit nicht rührt, nachdem Ehud gegangen ist, davon ausgehen, der König verrichte seine Notdurft. Nach dem Tod des Moabiterkönigs können die Hebräer die Gegner über den Jordan zurückdrängen und den ursprünglichen Zustand wiederherstellen. Damit war die Aufgabe des Retters erfüllt.

Eine ganz andere Bedrohung erlebten jene Hebräer, die Gideon ‚befreite'. Es waren Midianiter, Kamelreiter, die aufgrund der Schnelligkeit ihrer Tiere, die bei den Hebräern noch unbekannt waren, äußerst mobil operierten und Angst und Schrecken verbreiteten. Neben der Schnelligkeit, mit der diese Räuber auftauchten, dürfte die Größe der Tiere und der auf ihnen sitzenden Reiter ihr Übriges getan haben. Vor ihnen suchte die Bevölkerung Schutz in den für Kamele unzugänglichen Bergen, bis die Gefahr vorüber war.

Die Midianiter tauchten alljährlich zur Erntezeit auf, um Schafe, Rinder, Esel und vor allem Lebensmittel fortzuschleppen. Man war auf seiten der Hebräer bereits so an diese Bedrohung gewöhnt, daß man das Getreide nicht mehr auf der Tenne im Dorf drosch, wo es dem Zugriff der Plünderer offenlag, sondern an einem unzugänglichen Ort (Richter 6, 11). Da dies mühsam war, entschloß sich Gideon zum Handeln, zumal bei einer der Auseinandersetzungen um ihr Eigentum seine Brüder umgekommen waren. Gideon übte also mit den männlichen Mitgliedern seiner Sippe Blutrache; es ist von insgesamt 300 Personen die Rede, die sich an die Ausführung der Tat machten.

Über Jahre hinweg waren die Midianiter so regelmäßig wie die Erntezeit gekommen, und man hatte sie sicherlich auch beobachten können, wenn sie mit ihrer Beute abzogen. Sie waren in dieser Situation nicht nur unbeweglicher als bei ihren Überfällen, sondern auch sorgloser: Sie feierten erst einmal ihren Erfolg und verzehrten die ersten Teile der Beute gleich an Ort und Stelle. Darauf basierte Gideons Plan. Er kürzte bei der Verfolgung den Weg ab und erreichte das Lager der Midianiter, als diese ihren Erfolg im Wortsinn verdauten.

Gideon hatte seine Leute zusammengeholt und sie mit einem hohlen Widderhorn und einem Krug, in dem sich eine brennende Pechfackel befand, ausgestattet (Richter 7, 16–21). Dann umzingelte die Truppe das Lager der rastenden oder schlafenden Feinde. Auf ein Zeichen hin zerschlugen die Hebräer die Krüge, ließen dadurch die Fackeln aufflammen, bliesen aus Leibeskräften in die Hörner, griffen aber nicht an. Aus Schlaf und Rausch aufgeschreckt, wurden die Midianiter von Panik ergriffen, einige erschlagen, die übrigen konnten fliehen. Gideon hatte die Hebräer gerettet, ohne eine Schlacht zu schlagen; schon der Begriff Feldzug dürfte für sein Unterfangen zu hoch greifen. Das Ereignis hatte lediglich lokale Bedeutung, denn es ist gut vorstellbar, daß die Midianiter in Zukunft die Gegend mieden, um stattdessen andere heimzusuchen.

Einer der seltenen militärischen Erfolge vor der Monarchiegründung gelang Barak gegen die Philister, wenngleich es auch hierbei nicht ohne ‚wunderbare' Aspekte abging. Die Kontrolle der Jesreel-Ebene durch die Philister hatte einige der an sie angrenzenden Stämme veranlaßt, sich zu gemeinsamen Aktionen zusammenzuschließen, als sie selbst immer wieder den Versuch unternahmen, in die fruchtbare Niederung vorzudringen. Nördlich des Karmel, im Gebiet des Baches Kison, trafen die Hebräer unter Barak auf die so gefürchteten Streitwagen der Philister. Offenbar kam den Hebräern wie bei jener erfolgreichen Flucht aus Ägypten ein Zufall zu Hilfe: Die Wasser des Kison waren nach einem Unwetter über die Ufer getreten und hatten ein versumpftes Gelände geschaffen, in dem die Kriegswagen steckenblieben.

Wichtiger als der kaum ins Gewicht fallende Zufallserfolg, der wohl ins ausgehende 11. Jahrhundert gehört, war die Tatsache, daß an dieser Rettertat erstmals Hebräer mehrerer Stämme beteiligt waren. Das Debora-Lied nennt insgesamt sechs: Benjamin, Ephraim, Machir (Manasse), Sebulon, Issachar und Naphtali (Richter 5). Es waren jene Stämme, die um die Jesreel-Ebene siedelten und mehr als andere von den Philistern bedroht waren; daß andere Stämme, beispielsweise die Gruppierungen Judas, sich nicht an der Aktion beteiligten, ist aufgrund ihrer räumlichen Entfernung von der Gefahrenquelle verständlich. Wichtig ist aber, daß in der Erzählung auch gerade davon die Rede ist, welche Stämme nicht mitgemacht hatten, nämlich Ruben, Gilead, Dan und Asser. Angesichts der Erkenntnis, auf wie schwachen Füßen der Erfolg stand, dachte man über die Möglichkeiten nach, alle verfügbaren Kräfte zusammenzufassen. Die militärische Bedrohung durch die Philister, die ihre Macht durch einen Sieg über die Hebräer bei Aphek am Ende des 11. Jahrhunderts demonstriert hatten, regte zu gemeinsamem Handeln an.

Die letzte, zeitlich konkreter greifbare Rettergestalt vor der Königszeit war Saul. Das Alte Testament stellt ihn zwar als den ersten König dar, aber es benutzt die Erzählungen über seine Person lediglich dazu, die Probleme zu diskutieren, die aus späteren Erfahrungen mit dem Königtum resultierten. Sauls Leistungen sind rasch aufgezählt. Sein Aufstieg verlief märchenhaft: Der Held zieht aus, um Eselinnen zu suchen, und findet dabei eine ‚Königskrone'. Die konkreten Erfolge nehmen sich dagegen bescheiden aus. Zunächst war Saul erfolgreich, als es ihm gelang, die von den Ammonitern bedrohte Stadt Jabes zu entsetzen. Von diesem Saul erhofften sich einige Stämme nun die Befreiung von den Philistern, deren

Druck nach ihrem Sieg bei Aphek noch größer geworden war und die, wie es das Richterbuch konstatiert, eine „Herrschaft" ausübten (Richter 14, 4): Sie legten in strategisch wichtige Ortschaften Besatzungen, unternahmen von dort Streifzüge, entwaffneten die Hebräer und erhoben regelmäßige Abgaben.

All diese Probleme sollte Saul lösen, eine Aufgabe, mit der er völlig überfordert war. Er schuf zwar ein Heer, aber es war zu klein und zu ungeübt, um letztlich gegen die Philister Erfolg zu haben. Sauls Heer litt, abgesehen von der zu geringen Zahl an Kämpfern, daran, daß die Hebräer noch nicht über eiserne Waffen verfügten. Außerdem fehlte es an der Ausbildung, da für die Bauern und Hirten neben ihrer alltäglichen Arbeit kaum Zeit blieb, die Handhabung der Waffen zu üben. Zwar versuchte Saul noch, seine zusammengewürfelten Truppen durch einen Zug gegen das Volk der Amalekiter zu einer Armee zu formen, doch war bereits dieser Feldzug nicht allzu erfolgreich. Als es dann zum Aufeinandertreffen Sauls mit den Philistern wiederum bei Aphek kam, endete diese zweite Schlacht wie die erste: Das Heer der Hebräer löste sich in wilder Flucht auf, Saul starb, drei seiner Söhne fielen. Sauls Leichnam hängten die Philister als Trophäe und zur Abschreckung an die Stadtmauer von Beth-Sean.

Allmählich erkannten die Hebräer, daß einzelne Rettergestalten zwar gelegentlich „Wunder vollbringen" konnten; aber auf Dauer war der Bedrohung durch die Philister nicht zu begegnen. Nach der Schlacht bei Aphek verlegten diese weitere Besatzungstruppen in das Gebiet der Hebräer. Dadurch wurde der Druck von außen so stark, daß er schließlich die Kräfte der Hebräer einte, zumindest diejenigen einiger Stämme. Fortan war es vorbei mit der Devise, unter der man die ‚Retterzeit' überstanden hatte (Richter 17, 6; 21, 25): „Jeder tat, was er wollte."

3. Das Leben in vorstaatlicher Zeit

Zum Verständnis der zu Beginn und während der gesamten Königszeit latent vorhandenen Abneigung gegen diese Staatsform, ja gegen jedwede Art von ‚Herrschaft', ist es wichtig, einige Grundphänomene der gesellschaftlichen Entwicklung kennenzulernen, die teilweise noch auf die nomadische Frühgeschichte der Hebräer zurückgehen. Dazu gehört vor allem die Bedeutung der Familie und des Familienvaters; auf seine Person war gleichsam die gesamte Institution Familie zugeschnitten. Dies wird vor allem an der unbegrenzt scheinenden Macht des Familienvaters deutlich, eine Macht, die sich auch auf Leben und Tod erstreckte. Als Abraham sich entschließt, seinen Sohn Isaak auf dem Altar zu opfern, wird dies als Zeugnis äußerster Frömmigkeit interpretiert. Die Frage nach der Befindlichkeit des Opfers stellt das Alte Testament nicht. Wenn der Familienvater glaubt, daß es für das Wohlergehen der Familie als ganzer notwendig sei, muß und darf er im äußersten Fall eines der Mitglieder preisgeben. Mit der Maßgabe, daß dies zum Wohl der Gesamtheit zu geschehen habe, wird deutlich, daß die Aktionen des Familienoberhauptes, so mächtig es auch im Einzelfall sein mochte, lange tradierten, ungeschriebenen Gesetzen unterworfen waren, die ihn zwangen, bei seinem Tun stets das Allgemeinwohl zu bedenken.

Immer wieder betonen die biblischen Erzähler die Notwendigkeit des Zusammenhalts der Großfamilie, die aus dem Familienoberhaupt, seinen Frauen, seinen Söhnen mit ihren Frauen und Kindern und seinen unverheirateten Töchtern bestand. Die Familie garantierte den Schutz, dessen man bedurfte, um nicht belästigt, beraubt, erniedrigt oder getötet zu werden. Nachdem Kain seinen Bruder Abel erschlagen hatte, traf ihn ein doppelter Fluch: Der Boden sollte ihm seine Kraft nicht geben und er selbst flüchtig und unstet werden. Der zweite Teil ließ Kain mehrmals verzweifelt aufschreien (Genesis 4, 13–14): „Meine Strafe ist größer, als daß ich sie ertragen könnte ... Unstet und flüchtig muß ich auf Erden sein. Jeder, der mich antrifft, kann mich totschlagen."

Um seine Familie zu schützen, konnte das Familienoberhaupt neben der Solidarität der Familienmitglieder vor allem darauf bauen, daß die Söhne beim Vater blieben, auch wenn sie selbst bereits Kinder hatten. Für die jeweiligen Ehefrauen der Söhne bedeutete dies, daß sie die eigene Familie verlassen und zu ihren Männern ziehen mußten. In vielen Erzählungen altorientalischer Literatur klingt an, daß Frauen unter diesen Bedingungen häufig Fremde in den neuen Familien blieben.

Die wichtigste Aufgabe der Frauen war es, Kinder, vor allem Söhne, zur Welt zu bringen, denn – einmal abgesehen vom Familienoberhaupt – der Schutz der gesamten Großfamilie lag bei den Söhnen. Nur ein Mann mit vielen Söhnen vermochte sich in einer Umgebung sicher zu fühlen, in der Macht Recht bedeutete und Machtausübung eben von der Zahl der Männer in der Familie abhing (Psalm 127, 3–5):

„Siehe, Söhne sind eine Gabe des Herrn,
sein Lohn ist die Frucht des Leibes.
Wie Pfeile in der Hand des Helden,
so sind Söhne gezeugt in der Jugend Kraft.
Wohl dem Manne, der seinen Köcher mit ihnen gefüllt hat."

Sterne und Sand, beides Symbole großer Zahlen, kehren daher als Motive der Fruchtbarkeit in den biblischen Erzählungen immer wieder. Segen wie der über Rebekka – „oh unsere Schwester, werde du zu ungezählten Tausenden" (Genesis 24, 60) – oder der über Abraham gesprochene – „so will ich dich zu einem großen Volk machen" (Genesis 12, 2) – werden mit beharrlicher Monotonie wiederholt. Sie entstammen der Überzeugung, daß reichliche Nachkommenschaft das höchste Ziel ist. Frauen werden daher im Alten Testament oft mit Brunnen oder Wasserquellen verglichen. Es war ihre Aufgabe, den Durst des Mannes nach sexueller Befriedigung und Nachkommenschaft zu stillen.

Wie sehr die Institution Ehe auf den Mann und auf Kinderreichtum zugeschnitten war, zeigt sich schließlich darin, daß ein Mann mehr als eine Frau haben konnte. Es war ein Zeichen von Reichtum, sich viele Frauen leisten zu können; viele Frauen konnten sich zudem die Arbeit teilen, die in dem riesigen Haushalt anfiel.

Aufgrund der großen Zahl der Nachkommen, die sich aus der Vielweiberei ergab, war es möglich und üblich, daß Ehen unter nahen Verwandten wie zwischen Onkel und Nichte oder Neffe und Tante und überwiegend zwischen Vettern und Cousinen geschlossen wurden. Derartige Heiratspraktiken förderten den Zusammenhalt der Großfamilie, deren Erhalt und Sicherheit im Interesse aller lag. Das Familienoberhaupt konnte sich die Loyalität seiner männlichen Verwandten sichern, indem er ihnen seine Töchter als Ehefrauen gab.

Was dagegen bei Ehen mit fremden Frauen herauskommen konnte, machten Erzählungen wie diejenige von Samson deutlich, für die Zeitgenossen zugleich ein ganz allgemein warnendes Beispiel für die Abhängigkeit eines Mannes von einer Frau. Als Samson eine Philisterin heiraten wollte, brachten seine Eltern ihren Unwillen mit dem Standardargument aller Zeiten zum Ausdruck (Richter 14, 3): „Gibt es denn unter den Töchtern deiner Brüder und in unserem ganzen Volk keine Frau?“

Die Sorge um Nachkommen, um eine große Nachkommenschaft, führte zu einer ungemein starken Betonung der Sexualität als Mittel der Fortpflanzung. Jedes Sexualverhalten, das diesem Ziel nicht diente, wurde verurteilt. Die Konzentration auf Fruchtbarkeit und Vermehrung führte zu einer strengen Reglementierung des Geschlechtslebens, um den Segen Gottes für die Nachkommenschaft nicht zu verscherzen. Man glaubte, daß sexuelle Verfehlungen die Fruchtbarkeit des Volkes oder einer ganzen Stadt gefährdeten. Es war vor allem der Ehebruch, der als eine solche Gefährdung angesehen wurde.

Einen Einblick in die Mentalität dieses Sexualverhaltens vermittelt die Erzählung von Isaak und seiner schönen Frau Rebekka während ihrer Anwesenheit in einer fremden Stadt. Aus Angst um sein eigenes Leben – nicht etwa um dasjenige seiner Frau – gab Isaak Rebekka als seine Schwester aus. Sollte jemand aus der Stadt, in die sie gerade kamen, Rebekka begehren, wäre dies ohne Konsequenzen für Isaak geblieben. Hätte dasselbe Begehren jemanden erfaßt mit dem Wissen, Rebekka sei Isaaks Frau, hätte er zunächst Isaak getötet, um Rebekka ohne Konsequenzen vergewaltigen zu können. Als nämlich herauskam, daß Isaak und Rebekka Mann und Frau waren, warf der Stadtkönig dem Hebräer vor (Genesis 26, 10): „Was hast du uns angetan! Wie leicht hätte einer aus dem Volk mit deiner Frau schlafen können, und du hättest dann Schuld über uns gebracht." Reisende zu töten, um deren schöne Frauen zu besitzen: Das mußte jeder mit sich selbst ausmachen, ob er dies riskieren wollte. Ehebruch jedoch traf die gesamte Gemeinschaft.

Die Zeit zwischen der Landnahme und der Begründung der hebräischen Monarchien war also durch ein Gesellschaftssystem geprägt, das durch die Sippenordnung bestimmt war. Nach der Seßhaftwerdung siedelten Familien und Sippenverbände in räumlicher Nähe, so daß der Zusammenhalt bestehen blieb. Aus den Familienoberhäuptern, den Patriarchen, wurden die Ältesten, die Konflikte und Entscheidungen der Sippen in gemeinsamen Beratungen lösten. Eine derartige Gesellschaftsordnung konnte auch nach der Seßhaftwerdung lange Zeit stabil bleiben.

Es gab zweifellos Besitzunterschiede zwischen einzelnen Familien und Sippen, aber die Spannbreite der sozialen Skala blieb doch einigermaßen gering. Da der Schutz der Gemeinschaft wie des einzelnen von dem Zusammenhalt aller abhing, konnte kaum ein Mitglied allzu weit über seine Standesgenossen hinauswachsen. Es war sicherlich weitaus eher ein Gleichheits*bewußtsein* als tatsächliche Gleichheit, was diese Gesellschaft prägte. Dieses Bewußtsein blieb lange in der Erinnerung, zumal es durch eine Fülle von Erzählungen aus der ‚guten alten (Früh-)Zeit' wachgehalten wurde. Gerade Geschichten von einer gerechten Weltordnung haben eine lange utopische Tradition. Bei den Hebräern wurden sie weitergegeben in Erzählungen einer Frühzeit, die ohnehin durch die Verknüpfung mit den Sagengestalten der Patriarchen normgebende Kraft hatten.

Zumindest in zwei historisch wichtigen Augenblicken bestimmte dieses Gleichheitsbewußtsein die Geschichte der Hebräer. Dies war zu Beginn der Monarchien, als es den Widerstand gegen eine Staatsform prägte, die dem Wesen der Sippen fremd war. Und es geschah gegen Ende des Staates Juda, als die Propheten die Hoffnung auf eine bessere Welt ohne das Königtum aus eben jener Vorkönigszeit schöpften.

Auf diese Weise entstanden die Erzählungen und die Mentalitäten von freien Männern, die Entscheidungen gemeinsam trafen, in Ehrfurcht gegenüber einem Gott, aber ohne eine übergeordnete irdische Instanz. Es gab Reiche und Arme, aber auch der Reichtum konnte nur auf dem Hintergrund der Solidargemeinschaft entstehen, blieb somit in gewisser Weise doch der Kontrolle der Gemeinschaft unterworfen. Für außerordentliche Situationen, vor allem außerordentliche Bedrohungen, benötigte man Rettergestalten, Männer, deren Kraft, Mut oder Begabung außergewöhnlich waren. Dafür erhielten solche Retter unbedingten Gehorsam für die Zeit des militärischen Unternehmens und darüber hinaus außergewöhnliche Ehren: Ihre Taten gingen in das Gedächtnis des Volkes ein. Aber Macht über den Tag hinaus, gar institutionalisierte Gewalt, dies wollte man ihnen nur so lange zubilligen, bis die Gefahr vorüber war.

Doch mit Bravourstücken wie denjenigen eines Ehud oder Gideon konnte an der Wende vom 11. zum 10. Jahrhundert die Bedrohung, die von den Philistern ausging, nicht mehr gemeistert werden. Als deren Übergriffe in die Welt der Hebräer zu einem Dauerproblem wurden, verlangte dies nach einer dauerhaften Lösung. Man mußte, wollte man unabhängig bleiben, die Philister mit eigenen Waffen schlagen, militärisch und institutionell. Die Hebräer benötigten eigene, gut ausgerüstete Soldaten und eine dauerhafte Heerführung. In dieser Situation bildete die Wahl eines Königs den letzten Ausweg. Die Hebräer entschieden sich für eine Herrschaftsform, wie sie in ihrer Umgebung gang und gäbe war.

4. David und Salomo

David

Keine andere Person der hebräischen Monarchien steht derart im Zentrum zahlloser Erzählungen des Alten Testaments wie David. Dennoch wissen wir nur wenig über jenen Mann, der die hebräischen Königreiche Juda und Israel schuf, sie in seiner Person vereinigte und für einen Wimpernschlag der Historie Weltgeschichte machte, als die Großreiche des Vorderen Orients aus unterschiedlichen Gründen das Gebiet Palästinas sich selbst überließen.

David stammte aus Bethlehem; dies scheint historisch verbürgt. Ins Zentrum jüdischer und damit auch christlicher Geschichte rückte dieses Landstädtchen der Prophet Micha, der es als Geburtsort des kommenden Messias bezeichnete (Micha 5, 1–3). David trat in das Heer Sauls ein, wurde dort Führer einer eigenen Gruppe und war erfolgreich. Da derartige ‚Heere' sich vor allem aus Leuten rekrutierten, die außerhalb der Gesellschaft standen, lebten sie davon, Beute zu machen. Manches hing dabei von dem Anführer ab, seiner Klugheit, Kaltschnäuzigkeit, Gefühllosigkeit. David scheint ein charismatischer Führer gewesen zu sein, dem man zutraute, Saul ablösen zu können. Was sich zwischen Saul und David abgespielt hat, können wir den Quellen nicht mehr entnehmen. Wichtig war allerdings, daß David an der entscheidenden Auseinandersetzung Sauls gegen die Philister nicht teilnahm, was ihm immerhin das Odium des Verlierers ersparte.

Die Truppen, die David um sich scharte, allesamt Gesetzlose wie er selbst, lebten mit ihren Familien, wie betont wird, von Beute. Um das Auskommen auf Dauer zu sichern und nicht beständig von der Hand in den Mund leben zu müssen, verlegte sich David auf ein Verfahren, daß man heute als Schutzgelderpressung bezeichnen würde. Die Bande schützte Bauern vor Überfällen wie beispielsweise denjenigen der Midianiter (S. 20). So weit, so gut; doch wenn es keine Bedrohung gab? Dann schützte David eben die Bauern davor, daß er sie nicht überfiel. Die Geschichte von David und Abigail, die in vielfältiger Weise programmatischen Charakter hat, macht das Verfahren anschaulich (1. Samuel 25).

David hatte mit seiner Truppe nach eigenen Angaben den Schutz der Herden eines reichen Viehzüchters namens Nabal garantiert. Zur Zeit der Schafschur verlangte er von ihm einen Beitrag zum Unterhalt ebendieser Truppen. Dabei war die Nötigung in den Worten Davids unüberhörbar. Als Nabal sich nämlich nicht bereit zeigte, die Abgaben freiwillig zu leisten, wollte David sie sich mit Gewalt holen; durch den Schutz, den er geboten hatte, sah er dies als gerechtfertigt an, ob der Beschützte dies nun zugestand oder nicht. David erhielt schließlich die von ihm geforderten Lebensmittel, weil Abigail die Bedrohung für das Lebens ihres Mannes Nabal erkannte.

David schuf sich auf diese Weise eine ihm ergebene und militärisch erfahrene Truppe, für deren Einsatz als Söldner sich auch bald ein ‚Kunde' interessierte. Man trat in die Dienste des Stadtkönigs von Gath und erhielt den Ort Ziklag zugewiesen mit der Verpflichtung, bei Bedarf Heeresfolge zu leisten. Ein gewisses Mißtrauen gegenüber dem Hebräer blieb aber offenbar bestehen, so daß die Philister David nicht gegen Saul aufboten, als sie dessen Heer bei Aphek aufrieben (S. 23).

David hatte sich zwischen alle Stühle gesetzt, doch sollte sich dies als Glücksfall erweisen. Als in Juda der Wunsch immer drängender wurde, eine dauerhafte Beseitigung der Philistergefahr zu erreichen, war man bereit, auf ein ‚Führungsmodell' zurückzugreifen, wie es bei den benachbarten Kanaanäern und vor allem eben bei den Philistern längst existierte: Verdankten diese doch ihre Erfolge nicht zuletzt ihren Heeren unter dem Befehl starker Könige. David verfügte über solch ein Heer, und so wurde er um das Jahr 1000 von den in Hebron agierenden Ältesten zum König von Juda bestimmt.

Von nun an liest sich Davids Leben zunächst als Erfolgsgeschichte ohnegleichen. Dem König von Juda fiel nach einigen Jahren und intensiven diplomatischen Vorarbeiten auch die Herrschaft über die nördlichen Stämme zu. Dies war der Anfang des Staates Israel, dessen späteres Territorium es aber teilweise noch zu erobern galt. David war König von Juda und König von Israel, einer Doppelmonarchie. Die Einigung unter dem ‚fremden' König war für die Vertreter der nördlichen Stämme, die David das Amt in Hebron antrugen, der letzte und auch verzweifelte Versuch, der Bedrückung durch die Philister Herr zu werden. Daß man diesen Schritt nicht leichten Herzens tat, ist verständlich, daß man sich dafür sogar nach Hebron begab, verdeutlicht den Akt der Verzweiflung.

Für David bedeutete das Amt einen gewaltigen Zuwachs an Machtmitteln und zugleich eine enorme Herausforderung. Zunächst bemühte er sich um eine neue Hauptstadt, die niemandem geschuldet, sondern aufgrund eigener Leistungen erworben war: Jerusalem. David griff den Ort an, der als uneinnehmbar galt. Spottend hielt man dem König entgegen (2. Samuel 5, 6): „Hier dringst du nicht ein, sondern die Blinden und Lahmen werden dich fernhalten!" David eroberte die Stadt und schuf sich eine Residenz, die für das neue Reich weitaus zentraler lag als Hebron. Gleichzeitig konnte er die strategischen Möglichkeiten dieser Bergfeste nutzen.

Unmittelbar danach stand die Nagelprobe für die noch junge Monarchie an. Ihr Ziel war, für alle Gebiete die Unabhängigkeit von den Philistern zu erreichen. Und auch die Philister ahnten wohl, daß es nun um die Kontrolle der hebräischen Territorien ging. Zweimal rückten sie auf unterschiedlichen Routen gegen Jerusalem vor und wurden geschlagen; dann zogen sie sich auf die eigenen Gebiete zurück. David seinerseits gab sich mit dieser Entwicklung zufrieden und griff die Philisterstädte nicht an. Offensichtlich gab es längst wieder ägyptische Ansprüche auf die Küstenebene, und die Ägypter konnte und wollte David gewiß nicht herausfordern.

Damit herrschte David, wie es in der wie immer übertreibenden politischen Terminologie hieß, „von Dan bis Beer-Seba" (2. Samuel 17, 11), Orte, die in der Luftlinie 240 km voneinander entfernt sind. Die Gesamtfläche des von beiden Monarchien kontrollierten Gebietes umfaßte zum Zeitpunkt der größten Ausdehnung 26 000 Quadratkilometer – etwas

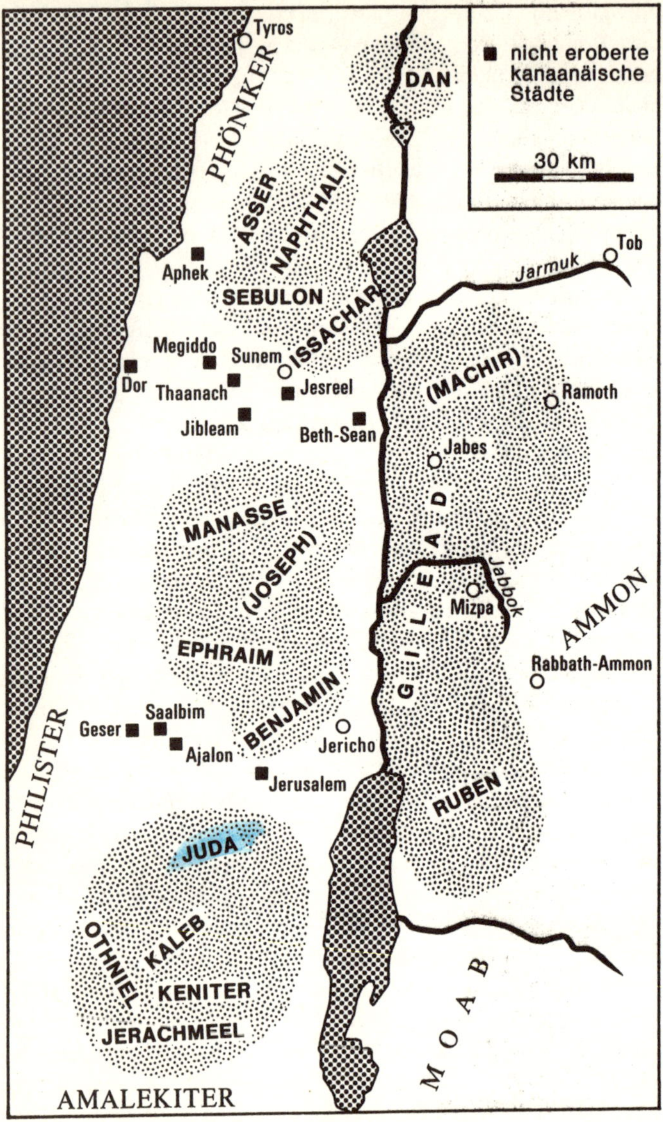

Die Siedlungsgebiete der hebräischen Stämme

größer als Hessen – mit etwa 500 Dörfern und Städten. Nie wieder sollte ein hebräischer König in ähnlichen Dimensionen handeln können. David blieb das unerreichte Wunschbild der Hebräer nach ihm, bis seine Person schließlich mit messianischen Vorstellungen verschmolz.

Soweit Davids Erfolgsbericht. Daß seine Geschichte auch Schattenseiten hatte, fällt dem späteren Betrachter leichter festzustellen als den Zeitgenossen. Es sollte eine Rolle spielen, daß Davids Reich allein durch ihn zusammengehalten wurde; somit stand und fiel es mit seiner Person. Das zunächst wachsende Reich besaß durch Beute und Tribute auch ständig wachsende Einnahmen. Sie ermöglichten ein immer größer werdendes Heer, um die Eroberungen zu halten, und einen stetig wachsenden Beamtenapparat, um alles zu organisieren und zu verwalten. Beamte mit Verwaltungserfahrung und Soldaten kamen zunächst aus den kanaanäischen Gebieten der Doppelmonarchie, vor allem aus Israel, wo die Bevölkerungsanteile zwischen Hebräern und Kanaanäern sich die Waage gehalten haben dürften.

Als es galt, die Finanzierung des Apparates auf eine dauerhaft stabile Grundlage zu stellen, zeigten sich rasch Probleme. Die Monarchie war gezwungen, auf die Ressourcen des Landes zurückzugreifen und damit in die Strukturen der Stämme, der Sippen und der Familien einzugreifen. Hier entzündete sich auch rasch erheblicher Unwille, wie er sich in Pamphleten dokumentiert, die das Alte Testament bewahrt hat. Ohne weitere Erklärung versteht man die Geschichte von den Bäumen, die sich einen König wählen (Richter 9, 7–15): Eines Tages kamen die Bäume zusammen, um sich einen König zu wählen. Zunächst trugen sie das Amt dem Ölbaum an. Dem Ölbaum als einem besonders nützlichen Baum kam in der Antike hohe Bedeutung zu, denn er versorgte die Menschen mit dem bis heute geschätzten Öl zur Speise, aber auch zur Reinigung und zu Beleuchtungszwecken. In der Geschichte aber lehnt der Ölbaum das Amt ab. Als nächster Kandidat wird der Feigenbaum vorgeschlagen, der den Menschen süße Früchte liefert. Auch er lehnt ab. Dritter Kandidat ist der Weinstock. Wein, mit Wasser vermischt, war ein wichtiges Getränk der Antike. Aber auch dieser Baum weist das ihm angebotene Amt zurück. So fällt die Wahl schließlich auf den Dornbusch, und er nimmt die Wahl an. Von dem Dornbusch ist nichts Nützliches für den Menschen zu berichten, und dennoch wird der Dornbusch König der Bäume. König wird also ein nutzloser Baum. Der Dornbusch ist unbrauchbar, er spendet weder Schatten, noch trägt er Früchte, er taugt nichts. Dieser Dornbusch ist König, das heißt der König ist wie der Dornbusch: Er taugt nichts.

Ein anderes Dokument stellt dagegen die verheerenden Folgen der Monarchie für die Wirtschafts- und Gesellschaftsordnung pointiert heraus (1. Samuel 8, 11–17): „Eure Söhne nimmt er (der König) weg, ... um sie für sich als Offiziere über tausend und über fünfzig (Mann) einzusetzen, und um sein Pflugland zu pflügen und um seine Ernte zu ernten, und um seine Kriegsgeräte und seine Wagengeräte herzustellen. Und eure Töchter nimmt er weg als Salbenmischerinnen und als Köchinnen und als Bäckerinnen. Und eure besten Äcker, Weinberge und Ölbaumpflanzungen nimmt er weg und gibt sie seinen Beamten ... Und eure besten Sklaven und Sklavinnen und Jünglinge und eure schönsten Rinder und eure Esel nimmt er weg und setzt sie für sein Werk ein. Euer Kleinvieh belegt er mit dem Zehnten, und ihr selbst müßt ihm Sklaven sein."

Diese Zeilen verdeutlichen klare Eingriffe des Königs in die bisherige Ordnung: Die verheirateten Söhne der Hebräer wurden als Offiziere des Heerbannaufgebotes, zu landwirtschaftlichen Tätigkeiten auf den königlichen Domänen und zu handwerklichen Arbeiten im Heerwesen herangezogen. Die unverheirateten Töchter traf das gleiche Los: Sie mußten die wichtigsten Arbeiten bei der Versorgung des Hofes erledigen. Die Grundstücke der Bauern dienten zur Versorgung der Staatsbeamten. Die Unfreien und die unverheirateten Söhne wurden ebenfalls dienstverpflichtet; dabei ist vor allem an den Einsatz bei königlichen Baumaßnahmen zu denken. Dies alles, so das Fazit der Polemik, machte aus freien Männern Sklaven.

Es handelt sich um ein Pamphlet, das zum Widerstand gegen den König aufstacheln will und deshalb um seiner Wirkung willen übertreibt. Auf der einen Seite steht der König, auf der anderen Seite die Adressaten der Schrift. Der König wird nehmen, nehmen, nehmen, und den Angesprochenen wird nichts anderes übrig bleiben, als zu geben, und zwar jeweils das Beste; wollen sie dies verhindern, müssen sie sich zur Wehr setzen, was ja der Aufruf bezwecken will.

Angeredet waren diejenigen, die das alles besaßen, was der König ihnen wegnehmen konnte: Felder, Weinberge, Ölbäume, Kleinvieh und Sklaven. Es handelte sich um wohlhabende grundbesitzende Bauern wie Nabal. Da nur ihre Söhne und nicht mehr sie selbst zum Militär- und Arbeitsdienst herangezogen wurden, lassen sich die Adressaten genau ermitteln: Es waren die Ältesten. Sie wollte der Aufruf aktivieren, da sie die meinungsbildende und politisch führende Schicht der bisherigen Gesellschaft darstellten. Diese Führungsschicht, so der Aufruf, war im Begriff, ihren Reichtum einzubüßen, und sie war zum Widerstand entschlossen, sobald sich ihnen jemand als Anführer anbot.

Die Politik Davids brachte offenbar nicht nur die Wohlhabenden, sondern auch weitere Bevölkerungskreise gegen ihn auf. Dies zeigte sich an einem anderen Problem seiner Herrschaft. Für Hebräer hatte es schon immer als Zeichen für hohen sozialen Status gegolten, sich viele Frauen leisten zu können. Auch David hatte die Möglichkeiten genutzt und sich im Laufe der Zeit einen riesigen Harem zugelegt. Viele Frauen bedeuteten eine reiche Nachkommenschaft, doch die Monarchie – wie fast überall eine Erbmonarchie – erforderte nur einen einzigen Nachfolger. Wer dies sein sollte, mußte David bestimmen, und er ließ sich Zeit – zuviel Zeit jedenfalls in den Augen seines Erstgeborenen Absalom, der eines Tages die Gelegenheit zur Herrschaftsübernahme für gekommen hielt.

In der Geschichte seines Aufstands vermischen sich ganz persönliche Motive mit innenpolitischen und systembedingten Schwierigkeiten zu einem nicht mehr entwirrbaren Knäuel. Absalom sammelte jene, die mit David unzufrieden waren, und ließ sich in Hebron – unter Berufung auf die guten alten Zeiten – zum König ausrufen. David wurde von den Ereignissen überrascht und verließ fluchtartig Jerusalem. Dort ergriff Absalom auf ‚klassische' Weise Besitz von der Hinterlassenschaft seines Vaters, indem er mit den Frauen, die dieser zurückgelassen hatte, öffentlich die Ehe vollzog (2. Samuel 16, 22): „Da schlug man dem Absalom das (Hochzeits-)Zelt auf dem Dach auf, und Absalom kam zu den Frauen seines Vaters vor den Augen von ganz Israel."

Dies war allerdings Absaloms letzter Erfolg. Davids Söldner, die ihm treu geblieben waren, schlugen das Bauernheer Absaloms, er selbst wurde auf der Flucht getötet. In den anschließenden Verhandlungen mit den Ältesten Judas scheint es zu einer Lösung hinsichtlich der eben beschriebenen wirtschaftlichen Probleme gekommen zu sein. Offensichtlich legte David nun Israel höhere Steuern und Dienstleistungen auf, was dort prompt zum nächsten Aufstand führte.

Diese neuerliche Revolte gegen David stand unter einer bezeichnenden Parole (1. Samuel 20, 1): „Wir haben keinen Teil an David! ... Ein jeder zu seinem Zelt, Israel!" Israel kündigte David die Gefolgschaft, wollte die Doppelmonarchie beenden. Noch einmal siegten Davids Truppen und beseitigten den Anführer der Bewegung; doch längst war der Keil wieder zwischen die beiden Reiche getrieben.

Davids letzte Lebenszeit war trotz der wärmenden Nähe der jungen Abisaig nicht ungetrübt. Noch einmal erschütterte eine militärische Auseinandersetzung zweier Söhne das Reich. Erst als sich Salomo mit Hilfe der Söldner und der Leibwache durchsetzte, war David endlich bereit, ihn öffentlich als Nachfolger zu proklamieren. Damit war die Doppelmonarchie nochmals für eine Generation gesichert.

In einer Inschrift, die vermutlich Hasael von Damaskus um 830 errichten ließ, ist von einem König des Hauses Davids die Rede, nicht nur der erste außerbiblische Beleg für die Existenz Davids, sondern auch Beweis dafür, daß er als Staatsgründer und wichtige Herrscherpersönlichkeit in der Region in Erinnerung geblieben war.

Salomo

Geschichtsschreiber tun sich schwer – und die alttestamentlichen Erzähler und Redaktoren bilden da keine Ausnahme –, unblutige Zeiten, Friedensperioden, ähnlich ausführlich und anschaulich zu schildern wie Kriege. Dies führt dazu, daß Salomos Bild im Alten Testament längst nicht so farbig ist wie dasjenige seines Vorgängers. Hinzu kommt, daß vieles, was von diesem König berichtet wird, im Sagenhaften verschwimmt wie etwa die berühmte Anekdote vom salomonischen Urteil, die schon damals ein verbreitetes Motiv war.

Nach Davids Tod zeigte sich schnell, daß Salomos Regierungsantritt den Thronfolgestreit keineswegs beendet hatte. Zwar unterwarf sich Adonija der Herrschaft seines Bruders, der ihm daraufhin verzieh. Bald wurde er jedoch in eine neue Affäre verwickelt, die nicht einfach zu bewerten ist. Der alternde David hatte gegen Ende seines Lebens das Mädchen Abisag, eine schöne Sunamitin, ins Bett genommen um sich von ihr „wärmen" zu lassen. Obgleich er „ihr nicht beigewohnt hatte", wie die Überlieferung zu berichten weiß (1. Könige 1, 1–4), galt sie als eine seiner Nebenfrauen. Adonija trat an Salomos Mutter heran und bat sie, sich bei ihrem Sohn, dem König, für ihn zu verwenden, damit dieser ihm Abisag zur Frau gebe. Wahrscheinlich war Adonija in das Mädchen wirklich verliebt, Salomo deutete seine Bitte jedoch in eine andere Richtung: Er legte sie als neuerlichen Anlauf seines Bruders im Kampf um den Thron aus und antwortete seiner Mutter: „Und warum erbittest du Abisag, die Sunamitin, für Adonija? Erbitte für ihn doch gleich das Königtum, denn er ist mein älterer Bruder." (1. Könige 2, 22) Für Adonija endete das, was vielleicht die große Liebe war, mit dem Tod. Immer noch bedeutete Anspruch auf eine der Frauen eines Königs gleichsam eine Anwartschaft auf dessen Erbe und Nachfolge.

Adonijas Tod hatte Folgen. Davids Feldhauptmann Joab suchte auf der Flucht vor der Rache Salomos Schutz in einem Tempel und wurde, als er den Altar umklammerte, von seinem Amtsnachfolger erschlagen. Besser erging es einem dritten aus dieser Gruppe: Der Priester Ebjathar, einer der ältesten Gefolgsleute Davids, wurde lediglich seines Amtes enthoben und auf seinen Grundbesitz in der Nähe Jerusalems verbannt. Ebjathar war politisch nicht so wichtig, vielleicht rettete ihn auch die Scheu vor dem Numinosen des Priesteramtes. Joab und Ebjathar nutzte es wenig, daß sie ihr Leben lang David treu gedient hatten. Da dessen Regierungszeit lang gedauert hatte und sein Nachfolger entsprechend lange auf die Machtübernahme warten mußte, wollte er daher auch bei der Besetzung von Posten rasch Eigenständigkeit dokumentieren. Mit der Ermordung des Benjaminiten Simei, eines alten Gegners des Königshauses, beseitigte Salomo den letzten Widerstand gegen seine Regierung. Von nun an war in der Tat, wie es makaber heißt, „das Königtum fest in Salomos Hand" (1. Könige 2, 46).

Verglichen mit den Aktivitäten Davids, beschränkte sich Salomo darauf, das angetretene Erbe zu bewahren. Für die spätere Entwicklung vor allem Israels, des Nordreiches, sollte es sich als folgenschwer erweisen, daß der König das Entstehen eines neuen starken Staates im Norden des Großreiches nicht verhindern wollte oder konnte. Es gelang einem Offizier des Königs von Zoba, Rasan, sich selbständig zu machen und mit einer Soldateska – ähnlich wie Jephthah und David – die Herrschaft über Damaskus an sich zu reißen. Binnen kurzer Zeit begründete Rasan ein neues aramäisches Königtum mit dem Sitz in Damaskus und brachte ein größeres, territorial geschlossenes Gebiet, das gesamte nördliche Ostjordanland, unter seine Kontrolle.

Vorboten einer kommenden Katastrophe waren gelegentliche Vorstöße der Ägypter in das Gebiet Palästinas, Vorstöße, die allerdings noch keinen großen Schaden anrichteten. Salomo bannte diese Gefahr durch eine Methode, die ihm außenpolitische Stabilität zu garantieren schien: Er antwortete dem Pharao nicht mit Krieg, sondern eröffnete Verhandlungen. Sie endeten damit, daß er eine Tochter des ägyptischen Königs als Frau und eine vom Pharao eroberte Stadt gleichsam als Mitgift erhielt. Dies war allerdings weniger ein Zeichen dafür, wie mächtig Salomo geworden, sondern zu welcher Schwäche Ägypten herabgesunken war. Von Gegenleistungen Salomos erfahren wir nichts, sie dürften aber im Schutz ägyptischer Handelskarawanen durch den hebräischen König auf dessen Territorium bestanden haben.

Juda und Israel waren nach wie vor lediglich durch den König in Personalunion miteinander verbunden, beide Staaten blieben eigenständige Größen. Juda erlebte eine lange Friedenszeit, die den Stolz auf die Jerusalemer Regierung förderte. Von Israel dagegen wurden Leistungen verlangt, die ausschließlich mit dem Herrschaftswillen der Zentralregierung zusammenhingen. Dennoch hielt Israel Ruhe, obgleich nur noch wenig mehr als ein Vasall, weil sein Heerbann nach dem erfolglosen Aufstand Schebas zu geschwächt war. Salomo baute die von David ins Leben gerufene Verwaltung aus, welche die Versorgung des königlichen Hofes sicherte. Der erhöhte Finanzbedarf aufgrund der Vergrößerung des Heeres und der Bautätigkeit erforderte eine Vermehrung des Beamtenapparates. Diese Kosten waren bereits unter Salomo nicht mehr allein aus den Tributen, aus den Erträgen des Handels, der weitgehend königliches Monopol blieb, und aus Zöllen zu bestreiten, sondern auch die eigenen Untertanen mußten zu Leistungen herangezogen werden. Vor allem die zahlreichen Baumaßnahmen erforderten Geld, nicht allein für Materialien, sondern auch für die große Zahl der Arbeiter. Wiederum griff Salomo auf seine Untertanen aus Israel zurück und verpflichtete dort Hebräer und Kanaanäer zu Dienstleistungen.

Wenngleich Salomo keine Kriege führte, so sicherte er sein Territorium dadurch, daß er strategisch wichtige Orte befestigte und zu militärischen Stützpunkten ausbaute. Zur Kontrolle und Sicherung des Negeb zum Beispiel richtete der König drei Verteidigungs- und Verwaltungszentren ein: Kadesch, Beer-Seba und Arad. Diese versorgten zahlreiche Forts und Vorposten, die wie ein Netz den ganzen gebirgigen Negeb überspannten. Die in solchen Stützpunkten stationierten Soldaten konnten im Falle eines Angriffs von außen schnell zur Abwehr zusammengezogen werden, aber ebensogut gegen Aufständische im Innern vorgehen. Salomo stellte erstmals eine Streitwagentruppe auf; bislang hatten in Israel und in Juda die geographische Beschaffenheit der zerklüfteten Gebiete und eine fehlende militärische Aristokratie dies verhindert. Letztere fand Salomo in den kanaanäischen Städten, die zu seinem Reich gehörten. Die starke Hervorhebung des Kanaanäerturns, das für die Schlagkraft der neuen Waffengattung unentbehrlich war, dauerte im späteren Nordreich auch in den folgenden Jahrhunderten an. Salomo scheint die Streitwagen allerdings mehr um der Repräsentationsgründe willen als wegen ihres militärischen Nutzens geschätzt zu haben. Sie waren Zeichen des königlichen Glanzes; als Statussymbol benutzte schon Absalom den Streitwagen.

Es war vor allem Jerusalem, dessen Erscheinungsbild der Herrscher durch Bauten prägte. Er erweiterte die Stadt, indem er den Tempel ausbaute, einen neuen Palast, hohe Ringmauern, die Festung Millo und zahlreiche andere Gebäude wie das Libanonwald-Haus, den Pavillon der ägyptischen Königin, die Säulen- und die Thronhalle errichten ließ. Eingehendere Nachrichten liegen über die Palastanlage vor, zu der auch der Tempel gehörte. Daher konzentrierte sich das Interesse der späteren Überlieferung auf ihn und kürzte dafür die Beschreibung der übrigen Bauten (1. Könige 6; 7, 13–51). Der gesamte Komplex ist im Laufe von dreizehn Jahren als neuer Stadtteil nördlich der Davidsstadt errichtet worden. Die Architekten und die ausführenden Baumeister waren Phöniker, die Salomo durch die Vermittlung Hirams von Tyros (969–936) erhielt. Am besten bekannt ist die Tempelanlage, die das Alte Testament detailliert beschreibt, obgleich sie, verglichen mit anderen großen Heiligtümern des Alten Orients, bescheidene Ausmaße besaß. Der gesamte Gebäudekomplex bestand aus Vorhalle, Halle und Allerheiligstem. Letzteres, ein quadratischer Raum, war dunkel und erhielt lediglich von einer Tür her etwas Licht, während die Halle in ihrem oberen Teil mit Fenstern versehen war. Für die bisherigen Verhältnisse Judas und Israels übertraf dieser Tempel allerdings alles Dagewesene durch seine Ausstattung und den Kult.

Salomo hatte sich seine Rolle im politischen Schachspiel der Mächte des Alten Orients durch diplomatisches Geschick noch erhalten können, doch die Bauern Israels waren nicht länger bereit, für diesen ihnen eigentlich stets fremd gebliebenen König dauernd Opfer zu bringen. Die unter David mehrfach ausgebrochenen Krisen lebten durch die Entwicklung unter Salomo neu auf und verstärkten sich vor allem durch die verhaßten Dienstleistungen. Die künstliche Einigung von Juda und Israel zerbrach deshalb nach Salomo und fand ein ebenso abruptes wie unwiderrufliches Ende. Die Entwicklung des salomonischen Reiches im Gesamtgefüge des nahen Orients hatte somit ihren Teil an dem ‚Rückfall' in zwei Monarchien. Man hat den König Salomo in unserer Zeit gelegentlich ‚Salomo den Großen' genannt, obwohl er keinen anderen Staat überfallen, keine Beute gemacht, keine Menschenmassen getötet hat. Und in der Tat, für die Hebräer gewann dieser König um so mehr an Größe, je weiter die beiden Monarchien Juda und Israel verfielen. Das steigerte sich noch, als die Hebräer auch das Land verloren und nur noch träumen konnten von vergangenen Zeiten, als sie einmal ein gemeinsames Reich bevölkerten.

5. Israel und die Dynastie Omri

Wesentliche Faktoren, die das Verhältnis der beiden Reichsteile Juda und Israel bestimmten, sind in vorstaatlicher Zeit ausgebildet worden. Dazu gehörte neben der geographischen Zersplitterung des Landes das Eigenleben der Stämme, das sich unter anderem daraus entwickelte, daß die eingangs beschriebenen Städtequerriegel die Kontakte zwischen manchen Stämmen erschwerten oder verhinderten. Daher war der Versuch Davids ambitioniert zu nennen, die heterogenen Teile in einem politischen Gebilde zusammenzufassen. Zu den divergierenden hebräischen Stämmen, die in der Vorkönigszeit teilweise militärisch gegeneinander vorgegangen waren, kamen mit den Monarchien die kanaanäischen Gebiete, vor allen Dingen in der Jesreel-Ebene. Die kanaanäische Stadtkultur war der hebräischen in genau jenen Elementen überlegen, die zur Entwicklung und zum Ausbau der Staatlichkeit wichtig waren: Die Kanaanäer verfügten über Erfahrungen in zentraler Verwaltung sowie in der Organisation des Heerwesens. Mit den Kanaanäern wurden schließlich deren zahlreiche Göttergestalten und Kulterfahrungen integriert, eine Selbstverständlichkeit in antiken Gemeinschaften.

Mit diesen knapp skizzierten Faktoren sind zugleich jene Aspekte genannt, die das Scheitern der Doppelmonarchie erklären. Die Assimilierungspolitik der Könige vertiefte den Graben zu jenen hebräischen Kreisen, die an der vorstaatlichen Gesellschaftsordnung ebenso wie am ‚Glauben der Väter' festhalten wollten. Die Konzentration wesentlicher Kräfte auf die Hauptstadt Jerusalem vergrößerte die Kluft zwischen Stadt und Land, vor allem zwischen der Hauptstadt und Israel, das seit den Aufständen unter David für die Hofhaltung aufzukommen hatte.

Möglicherweise hätten sich diese Schwierigkeiten durch kluges Agieren, durch Zurückstecken hier oder da, beseitigen lassen, doch der Nachfolger Salomos war nicht bereit, auch nur einen Deut nachzugeben. Rehabeam (932–916) hatte lange auf seine Chance warten müssen; er war über vierzig Jahre alt, als er den Thron bestieg. Die Thronfolge im Stadtstaat Jerusalem und in Juda verlief ohne Zwischenfälle. Mit Israel aber galt es zu verhandeln, da der Tod Salomos die Geschäftsgrundlage für die dortige Monarchie beendet hatte. Rehabeams Verhandlungen zeigen jene Mischung von Zaudern und übertriebener Härte, die meist Ausdruck der Schwäche ist. Schwäche verriet er bereits dadurch, daß er selbst nach Sichem, also nach Israel, zog. Die Forderung der Ältesten Israels faßt das Alte Testament treffend in einem Satz zusammen (1. Könige 12, 4): „Dein Vater hat uns ein hartes Joch auferlegt; erleichtere du uns nun den harten Dienst deines Vaters und das schwere Joch, das er uns auferlegt hat, so wollen wir dir untertan sein." Die Forderungen an Rehabeam waren klar: Der von Salomo ausgestaltete Verwaltungsbetrieb mit seinen Steuern und Dienstleistungen sollte, wenn nicht abgeschafft, so doch wenigstens eingeschränkt werden.

Erneut war es eher ein Zeichen von Schwäche, daß Rehabeam sich Bedenkzeit ausbat. Was galt es zu bedenken? Die Forderungen der Israeliten dürften jedem klar gewesen sein. Rehabeam hätte also ein Konzept haben sollen, als er mit ihnen verhandelte. Stattdessen wurde die Strategie erst in Sichem erarbeitet, und die Diskussion, die nun im Beraterstab des judäischen Königs begann, war Teil jenes menschheitsgeschichtlichen Konfliktes zwischen Jung und Alt. Die älteren Beamten, mit den Problemen Israels vertraut, rieten zum Nachgeben. Die jüngeren plädierten für unnachgiebige Härte. Sie waren am Hof in einer Atmosphäre des Gehorsams groß geworden, die Beratungen und Verhandlungen nicht vorsah. Das Ergebnis, das Rehabeam der Gegenseite mitteilte, war ebenso klar wie deren Forderungen (1. Könige 12, 14): „Wenn euch mein Vater ein schweres Joch auferlegt hat, will ich es euch noch schwerer machen. Wenn euch mein Vater mit Peitschen gezüchtigt hat, so will ich euch mit Skorpionen züchtigen." Damit waren die Forderungen nach Reduzierung der Abgaben sowie der Dienstleistungen durch die Beispiele Joch und Peitsche beantwortet. Als Reaktion auf dieses ‚Regierungsprogramm' erscholl die alte Parole aus der Zeit Davids (1. Könige 12, 16): „Auf Israel, zu deinen Zelten!" Damit war die Doppelmonarchie beendet, die Tünche davidisch-salomonischer Gemeinsamkeit weggewischt; die alten Ressentiments des Nordens gegenüber dem Süden und umgekehrt brachen sich erneut Bahn.

Für Israel stellte sich nun die Frage nach der staatlichen Organisation. Diese konnte unter den Bedingungen der Zeit keine andere mehr sein als die einer Monarchie, selbst wenn man gegen die entsprechende Staatsform des Südens revoltiert hatte. Mit Jerobeam (932–911) fand sich rasch der Mann, die Einigung des Nordens und den Kampf gegen Juda aufzunehmen. Doch auch er mußte erkennen, wie groß die Differenzen selbst der nördlichen Stämme untereinander waren. Wenngleich sich Jerobeam, der unter Salomo eine Zeitlang als Minister zuständig für die Frondienste in Israel gewesen war, auf Strukturen der Doppelmonarchie stützen konnte, so galt es doch, ein Verwaltungs- wie Kultzentrum für den neuen Staat zu schaffen.

Am Beispiel der Kultzentren lassen sich die Probleme des Landes erläutern. Als Ersatz für Jerusalem entstanden in Israel gleich zwei neue Kultorte, an der Süd- und Nordgrenze des Reiches gelegen: Bethel und Dan. Jerobeam nahm damit Rücksicht auf die alte Zweiteilung Israels durch den Städtequerriegel der Jesreel-Ebene. Bethel lag zudem an der alten Pilgerroute nach Jerusalem, so daß die dorthin aufbrechenden Hebräer ein Stück weit bekannte Wege zurücklegen konnten.

Die Wahl der Kultorte verdeutlicht, daß sie vor allem für die hebräischen Teile Israels gedacht waren, die etwa die Hälfte der Bevölkerung ausmachten. Wenn sich spätere alttestamentliche Autoren über die „Sünde Jerobeams" echauffierten (1. Könige 16, 19), so war dies nicht nur ein geflügeltes Wort, sondern ein Anachronismus aus der Rückschau der Exilszeit. In Bethel und Dan standen goldene Stierbilder in den Allerheiligsten der jeweiligen Tempel. Man konnte sich einen Gott vorstellen, der unsichtbar auf den Stieren thronte; der kanaanäische Sturmgott Hadad wurde auf einem Stier stehend abgebildet. Man konnte aber auch naiv die Stiere selbst als Bilder der Gottheit, als die Gottheit selbst ansehen.

Waren damit wenigstens zwei anerkannte zentrale Kultorte geschaffen, so sollte es noch fast ein halbes Jahrhundert währen, bis Israel auch eine dauernde Hauptstadt erhielt. Statt dessen erlebte das Land nach dem Tod Jerobeams seinen ersten Bürgerkrieg. Der Sohn des Ephraimiten Jerobeam, der König Nadab (911–910), wurde von dem Issachariten Baësa erschlagen, während der Herrscher die philistäische Stadt Gibbethon belagerte. Anschließend fegte Baësa das ganze Haus Jerobeams weg, „wie man den Kot wegfegt" (1. Könige 14, 10), und bestieg selbst den Thron. Aus der langen Regierungszeit Baësas (910–887) ist außer den obligatorischen Kriegen gegen Juda nichts bekannt. Der Versuch seines Nachkommen, eine Dynastie zu gründen, scheiterte rasch. Bereits ein Jahr nach seiner Thronbesteigung wurde Baësas Sohn Ela (887–886) von Simri, einem Obersten der Streitwagen, erschlagen. Simri (886) wandte das übliche Mittel an, um seine neue Stellung zu festigen: Er ließ Verwandte und Freunde des toten Königs umbringen.

Seine ‚Herrschaft' währte allerdings nur eine Woche. Es war ihm zwar gelungen, den Palast unter seine Kontrolle zu bringen, aber das Heer befand sich zum Zeitpunkt seines Putsches in der Nähe von Gibbethon, das die Israeliten zum wiederholten Mal belagerten. Es erkannte die ‚Wahl' des Palastes nicht an, sondern erhob den Feldhauptmann Omri zum neuen König. Bei der Belagerung durch Omris Heer fand Simri den Tod. Es sollte allerdings noch vier Jahre dauern, ehe Omri sich endgültig durchsetzen konnte, wenngleich er die Jahre seiner Regierung ab 886 zählte. Mit Omri (886–871) und seinen Nachfolgern erhielt Israel die erste wirkliche Dynastie und eine Hauptstadt: Eine neue Epoche brach an.

Omri

Die Leistungen Omris für den Aufbau des israelitischen Staates sind unumstritten. Selbst das Alte Testament, das Kübel von Unflat über die Herrscher des Nordreiches ausschüttet und Omri keineswegs ausnimmt, gibt doch immerhin in einem Nebensatz zu, „was sonst noch von Omri zu sagen ist, von allem, was er getan hat, und von seiner kriegerischen Tüchtigkeit“, sei in der – uns nicht mehr erhaltenen – Chronik der Könige von Israel nachzulesen (1. Könige 16, 27). Welchen Eindruck das Auftreten dieses Herrschers in der Welt des Alten Orients hinterlassen hat, davon zeugen Bezeichnungen wie das ‚Haus Omri‘ oder das ‚Land Omris‘ als Synonyme für Israel. Selbst als die Dynastie Omri ausgerottet war, ja der Staat Israel nach 721 nicht mehr existierte, findet sich die Erwähnung vom ‚Omriland‘ in einer Inschrift des Assyrerkönigs Sargon II. aus dem Jahre 713 (T[exte] aus der U[mwelt] des A[lten] T[estaments], hrsg. von Otto Kaiser, Gütersloh 1983 ff. = TUAT 1, 4, 386).

Omri verdankte seine Popularität bei Zeitgenossen und Nachwelt vor allem seinen militärischen Erfolgen, selbst wenn die Palette seiner Leistungen erheblich größer war. Im Zentrum der kriegerischen Aktivitäten stand das Zurückdrängen des Aramäerstaates Damaskus. Bei diesem Unternehmen verband sich Omri unter anderem mit dem König Ittobaal von Tyros. Die diplomatischen und militärischen Absprachen wurden durch die üblichen Heiraten der jeweiligen Kinder befestigt, wobei vor allem die Ehe des Omrisohnes Ahab mit Isebel von Tyros erwähnenswert ist. Weil das Alte Testament außer den oben erwähnten allgemeinen Bemerkungen keine Aufschlüsse über Details der historischen Entwicklung bietet, muß man vor allem auf ein inschriftliches Zeugnis zurückgreifen, daß die Auseinandersetzungen Israels mit Moab beschreibt. Es handelt sich um die Stele des Moabiterkönigs Mesa. Omri war es gelungen, alten Ansprüchen aus der davidischen Zeit auf das wegen seiner Fruchtbarkeit berühmte Gebiet zwischen den Flüssen Jabbok und Arnon Geltung zu verschaffen. Moab führte an die Omriden Tribute ab, die vor allem aus Wolle bestanden. In der Sprache der Zeit charakterisierte man die Beherrschung durch Omri als Bestrafung des Volkes durch den moabitischen Gott Kamasch (TGI 52):

„Omri war König über Israel und hatte Moab lange Zeit gedemütigt, denn Kamasch war erzürnt über sein Land. Und sein Sohn (Ahab) folgte ihm, und auch er sprach: ‚Ich werde Moab demütigen.' Noch in meinen Tagen sprach er so, aber ich (Mesa) sah meine Lust an ihm und seinem Hause." Erst lange nach dem Tod Ahabs konnte sich Moab um 840 vom Druck Israels befreien.

Seit Omris Zeiten, als der König einen Ort für seinen Regierungssitz kaufte, besaß Israel eine Hauptstadt. In Anlehnung an den Namen des Vorbesitzers Schemer nannte er die neue Stadt Schomeron; der gebräuchliche Name Samaria geht auf eine von den Assyrern gebrauchte Namensform zurück. Die neue Hauptstadt lag im Vergleich zu allen bisherigen Residenzen zentral und besaß gute Verkehrsbedingungen. Auch in strategischer Hinsicht erwies sich die Wahl als glücklich; der Stadtberg ließ sich gut verteidigen. Die Umgebung war fruchtbar und reich an Wasser – Samaria „eine prächtige Krone über einem fetten Tal" (Jesaja 28, 1).

Archäologische Untersuchungen haben ergeben, daß Omri seine Residenz auf unbesiedeltem Boden errichtet hat. Sie war damit im Wortsinn traditionslos und hätte sich für Omris Versuch, einen Ausgleich zwischen Hebräern und Kanaanäern herbeizuführen, gut eignen können. Über die diesbezüglichen Bemühungen berichtet das Alte Testament ausführlich, da in elementarer Hinsicht religiöse Belange berührt wurden.

Die Bevölkerung Israels war von Anfang an gemischt gewesen. Einen Ansatzpunkt Omris, Hebräer und Kanaanäer zu einem Staatsvolk zu einen, bildete der Kult der Isebel von Tyros. Die Gemahlin Ahabs hatte den Staatsgott von Tyros, Melkart, mitsamt dem Kultpersonal, den sogenannten Baal-Propheten, nach Samaria gebracht. Dieser Baal-Kult konnte eingesetzt werden, um die lokalen kanaanäischen Baalgötter mit dem in der Hauptstadt verehrten Gott zu verbinden. Die Verehrung der Baalgötter blickte bei den Kanaanäern Israels auf eine Jahrhunderte alte Tradition zurück. Im Zentrum des Gemeinschaftskultes in Samaria stand ein goldenes Stierbild, wie Jerobeam es als Kultbild für die Hebräer eingerichtet hatte (S. 44). Es ist angesichts der Einseitigkeit der alttestamentlichen Schriften schwer zu entscheiden, ob und gegebenenfalls wie erfolgreich Omri mit seiner Kultpolitik war. Jahwistische Absolutheitsansprüche kamen wohl erst in einer Zeit auf, in der man keinerlei politische Rücksichten mehr zu nehmen hatte. Es ist denkbar, daß die Verkündigung der alle anderen Götter ausschließenden oder zumindest überragenden Existenz Jahwes eine spätere Kompensation für politische Ohnmacht war (S. 82). Omri versuchte immerhin einen religionspolitischen Balanceakt zwischen hebräischen und kanaanäischen Gottesvorstellungen auszuführen, was in der Sprache des Alten Testaments bedeutete, daß die Mehrheit der Bevölkerung in der Frage ‚Baal oder Jahwe' „auf beiden Seiten hinkte" (1. Könige 18, 21).

Mochte es der Person Omris als ‚Gründergestalt' noch gelungen sein, die angesprochene Balance zu halten, so scheint sich der Konflikt unter seinem Nachfolger Ahab (871–853) verschärft zu haben. Wie üblich in der antiken Historiographie wird einer Frau die Verantwortung zugeschoben. Isebel, die Gemahlin Ahabs, habe die Dominanz des Baal-Kultes angestrebt. Sie habe Anhänger des Jahwe-Kultes ausrotten lassen, heißt es. Einer der höchsten Staatsbeamten habe dagegen Jahwe-Propheten in Höhlen versteckt und versorgen lassen. Mit welcher Brutalität die Auseinandersetzung schließlich ausgetragen wurde, zeigt die Geschichte des Propheten Elia, die wohl in diesen Zusammenhang gehört: Er soll am Fuße des Berges Karmel eigenhändig Baal-Priester abgeschlachtet haben. Das Zusammenleben der beiden Bevölkerungsteile gestaltete sich immer schwieriger, da keine Seite mehr gewillt war, der anderen Pardon zu gewähren.

Wieviel Konfliktpotential dieses sich immer mehr zum Gegeneinander entwickelnde Leben der beiden Gruppen barg, bezeugt das Ende der Dynastie Omri. Ahab starb nach einundzwanzigjähriger Regierungszeit eines natürlichen Todes. Ihm folgten seine beiden Söhne. Dem ersten, Ahasja (853–852), war wenig Glück beschieden; nach wenigen Monaten stürzte er durch ein Balkongitter und erholte sich nicht mehr von den

Folgen dieses Unfalls. Seinem Bruder Joram (852–841) hingegen blies wieder der außenpolitische Wind heftiger ins Gesicht als seinem Amtsvorgänger. Moab verweigerte unter dem König Mesa die Tributleistungen, und die Streifzüge der Assyrer kündeten von dem im Osten spürbar werdenden neuen Machtpotential. All das zog Kriege nach sich, die weder Erfolg noch Beute brachten, und dies heizte die Stimmung in der Bevölkerung an. Da Mißerfolge in diesen stark religiös geprägten Gesellschaften mit falschem kultischen Handeln in eins gesetzt wurden, war die Kehrtwendung durchaus folgerichtig.

Die Gegner der Omriden schlugen los, als Joram 841 das mittlerweile in den Besitz der Aramäer übergegangene Ramath in Gilead belagerte und sich dabei eine Verwundung zuzog. Während er sich auf dem Landgut der Familie in Jesreel erholte, ließ sich der Kommandant der vor Ramath liegenden Truppen, Jehu, zum König proklamieren. Daß dies gelang, verdeutlicht bereits, wie sehr die Omriden abgewirtschaftet hatten. Jehu jagte mit einer kleinen Schar nach Jesreel, wo er Joram töten ließ, ehe dieser etwas von dem Aufstand erfahren hatte. Auch der judäische König Ahasja, der Schwager Jorams, der zufällig anwesend war, wurde ermordet.

Mit schrecklichen Farben und voll erschreckender Genugtuung schildert das Alte Testament das Ende der Königinmutter Isebel. Als sie wußte, was sie zu erwarten hatte, trat sie ihren Mördern geschminkt in königlicher Robe entgegen. Man stürzte sie aus ebenjenem „Erscheinungsfenster" des Palastes zu Tode, aus dem heraus sie sonst Geschenke unter die Bevölkerung zu verteilen pflegte. Anschließend wurde in Samaria der Befehl Jehus ausgeführt, alle Mitglieder der alten Königsfamilie zu beseitigen. Die Höflinge sandten die abgeschlagenen Köpfe der Ermordeten, ordentlich in Körbe verpackt, nach Jesreel, wo sie Jehu, altorientalischer Tradition gemäß, vor einem Stadttor aufschichten ließ. Jedermann verstand, auf welche Weise Jehu etwaigen Widerstand gegen seine Herrschaft zu brechen gedachte.

Es ist keine Frage, daß der Erfolg von Jehus Aufstand vor allem auf der Abkehr von der omridischen Kultpolitik beruhte. Mit Jehu (841–815) verbanden sich jene Kreise, die mit der Gleichstellung von Baal und Jahwe, von Kanaanäern und Hebräern sowie der daraus resultierenden Rolle der Kanaanäer im Staat unzufrieden waren. Jehu trat als Verfechter des reinen Jahwe-Kultes auf. Dieser Gott verlangte das Blut seiner Feinde; ein Rausch sondergleichen hatte die neue Führungsschicht ergriffen, und so ging die Dynastie Omris in einem Blutbad unter. Israel erhielt einen Vorgeschmack darauf, welches Ausmaß an Fanatisierung sich aus derartigem religiösen Eifer entwickeln konnte.

Der geistige Hintergrund der Bewegung wird in der Begegnung Jehus mit Jonadab, dem Führer der Rechabiter erkennbar (2. Könige 10, 15–16); beide zogen gemeinsam in Samaria ein, um die Ausrottung der Baal-Anhänger zu erleben. Diese Rechabiter standen gleichsam stellvertretend für die unter den Hebräern ungebrochene Tradition nomadischer Lebensweise. Immer wieder sammelten sie mit der Forderung nach Rückkehr zu den Verhältnissen der guten alten Zeit begeisterte Anhänger. Das nomadische Ideal war für die Rechabiter gleichbedeutend mit der Abkehr von allen Errungenschaften des Ackerlandes; als solche zählte vor allen Dingen der Wein, eine Vorstellung, die dem gesamten Vorderen Orient gemeinsam war. Auch Enkidu, der zunächst wilde Gegenspieler des Gilgamesch, wird in seiner Wildheit dadurch charakterisiert, daß er den Wein nicht kennt. Mitglieder der Rechabiter durften keinen Wein trinken, keine Weinberge besitzen, den Boden nicht bewirtschaften und mußten in Zelten leben. Sie opponierten gegen alles Kanaanäische, folglich auch gegen die Stadtkultur, die durch Vermittlung der Kanaanäer in Israel Einzug gehalten hatte.

Diese Kreise unterstützten die Regierung Jehus, als er gegen Baal-Kultstätten in Samaria vorging. Im „Eifer für Jahwe“ ließ er wahllos Priester und Gläubige niedermachen. Der Tempel des tyrischen Baal in der Hauptstadt wurde in einen Abort umgewandelt. Wenngleich Jehu nicht den gesamten Baal-Kult vernichten konnte, so war die Weichenstellung für den Jahwe-Kult dennoch entscheidend und folgenreich. Zumindest als theoretisches Postulat sollte Israel später die ausschließliche Jahwe-Verehrung an Juda vererben.

Jehus politische Kehrtwendung berührte keineswegs allein kultische Belange, und sie dürfte selbstverständlich von den Kanaanäern nicht widerspruchslos hingenommen worden sein. Zumindest die Verweigerung der weiteren Zusammenarbeit im Staat zeitigte fatale Folgen: Israel wurde schwach, fast wehrlos und geriet in völlige Isolation. Jehu tilgte mit seiner Politik die Stärke Israels im syrisch-palästinischen Raum, vollständig und für die ganze Antike.

6. Israel im Schatten Assurs

Im Schatten Assurs – dies bedeutet, sich daran zu erinnern, daß die Hebräer einst Gegenden besiedelten, die lediglich Randzonen jener beiden großen Regionen bildeten, die mehr oder weniger intensiv die Gebiete des „fruchtbaren Halbmonds" beherrschten: Mesopotamien, das Land zwischen den Strömen Euphrat und Tigris, sowie Ägypten. Während Ägypten sich im letzten vorchristlichen Jahrtausend weitgehend darauf beschränkte, das eigene Territorium zu ordnen und zu bewahren, leisteten sich die politischen Gebilde des Zweistromlandes zur selben Zeit gewaltige Eroberungen. Assyrer, Babylonier und Perser überrannten in immer neuen Wellen die westlich gelegenen Gebiete bis zum Mittelmeer.

Die durch die radikale Politik Jehus heraufbeschworene innere Schwäche Israels traf zusammen mit einer außenpolitischen Gesamtlage, die die Konzentration aller Kräfte erfordert hätte. Zunächst wurde die Zusammenarbeit mit Tyros abrupt beendet. In Juda, dessen Herrscher von Jehu ermordet worden war, machten sich erneut anti-israelitische Ressentiments breit. In dieser Situation blieb Jehu nichts anderes übrig, als sich allen Forderungen der Assyrer zu beugen, als diese im Jahre 841 unter Salmanassar III. (859–824) im Westen erschienen und Tribute einforderten. Die einzige bildliche Darstellung eines hebräischen Königs zeigt den Mörder Jorams in demutsvoller Haltung vor dem assyrischen König auf dem Boden ausgestreckt.

Während Jehu seinen Tribut ausbreitet, bringt Salmanassar ein Trankopfer dar. Rechts und links stehen Diener mit Wedel, Szepter und Sonnenschirm. Über der Szene sieht man die geflügelte Sonnenscheibe und den Ischtarstern. Der Text zu dem Bild listet in bürokratischer Gründlichkeit die Wertsachen auf, die ihren Besitzer wechselten (TUAT 1, 4, 363): „Abgabe nahm ich in Empfang von Jehu, vom Haus Omri (die assyrische Bezeichnung für Israel; S. 46): Silber, Gold, eine Schale aus Gold, eine Schüssel aus Gold, Becher aus Gold, Eimer aus Gold, ein Szepter für die Hand des Königs und Jagdspieße."

Darstellung Jehus vor Salmanassar III.

Als die Assyrer einige Zeit später auf weitere Einfälle nach Syrien verzichteten, gab dies den Aramäern freie Hand, ihrerseits gegen Israel vorzugehen. Ähnlich wie Jehu hatte in Damaskus „Hasael, der Sohn eines Niemand“, wie es in assyrischen Texten heißt (TUAT 1, 4, 365), die Macht an sich gerissen. Auch er hatte Tribute an die Assyrer zu entrichten, konnte sich aber seinerseits an Israel schadlos halten. Das Alte Testament schildert ihn als gefürchteten und erfolgreichen Gegner (2. Könige 10, 32–33): „Zu jener Zeit begann Jahwe, Israel zu zerkleinern; denn Hasael schlug sie im ganzen Grenzland Israels: vom Jordan ostwärts, das ganze Land Gilead und Basan.“ An diese Zeit zurückdenkend erinnerte später der Prophet Amos daran, daß die Aramäer „Gilead mit eisernen Schlitten zerdroschen“ (1, 3). Israel büßte ein Drittel seines Territoriums ein.

Schließlich griffen die Aramäer sogar Samaria selbst an. Zwar konnte die stark befestigte Hauptstadt der Belagerung standhalten und somit im Nachhinein die Wahl Omris bestätigen, Samaria erlebte jedoch eine Lebensmittelknappheit nie gekannten Ausmaßes. Selbst für Eselsköpfe wurden Phantasiepreise verlangt, und offenbar kamen auch Fälle von Hungerkannibalismus vor. Als sich die Aramäer mit den Philistern verbündeten, griffen auch diese an, nahmen Israeliten gefangen und verkauften sie als Sklaven. Einen Eindruck von Israels verzweifelter Lage vermittelt eine Notiz aus den Tagen des Königs Joahas (815–799); von der einstigen Streitwagentruppe von 2000 Mann waren noch 50 Reiter und zehn Wagen übriggeblieben. Den Rest hatte der König von Damaskus „zu Staub gemacht" (2. Könige 13, 7).

Rettung, wenn man dies einmal so bezeichnen will, brachten die Assyrer. Im Jahr 800 zog Adadnirari III. (809–782) gegen die Aramäer, belagerte Damaskus und zwang dessen Herrscher zur Unterwerfung. Damit war die Macht des Aramäerstaates endgültig gebrochen. Für Israel begann eine kurze Phase des Wiedererstarkens. In dieser Situation gelang Joas (799–784) der klarste Erfolg über den Dauerrivalen Juda, gegen den man seit anderthalb Jahrhunderten propagandistisch und militärisch agierte: Joas eroberte Jerusalem und plünderte den dortigen Tempel (S. 63).

Die Erholung hielt an, als Jerobeam II. (784–753) sogar Teile des Ostjordanlandes wieder unter Kontrolle bekam. Es kam zu einer wirtschaftlichen Besserung, von der vor allem die Hauptstadt Samaria profitierte. Dies verschärfte die sozialen Gegensätze und schürte einmal mehr die Abneigung der ländlichen Bevölkerung gegen ‚die Stadt'.

Wir wissen heute, daß diese Entwicklung nahezu ausschließlich von der Politik der Assyrer bestimmt war: Noch waren sie an Israel nicht interessiert. Sie hatten bislang die westlich an Assur grenzenden Gebiete unterworfen und den Herrschern Tribute auferlegt, um damit vor allem die Armee zu finanzieren. Irgendwann kam dann der Zeitpunkt, an dem die Tribute die betreffenden Gebiete so belasteten, daß sie sich erhoben. Diese Aufstände endeten in der Regel damit, daß die Territorien ihre Selbständigkeit verloren und als Provinzen dem assyrischen Reich eingegliedert wurden. Assur legte auf diese Weise ringförmig Sicherheitszonen um seine Kernlande und schob die Westgrenze immer weiter vor. Es stand nicht zu erwarten, daß die Assyrer nach der Eroberung von Damaskus Halt machten. Um es mit den Worten der Propheten Amos und Hosea auszudrücken: Das Ende für Israel war gekommen.

Ihre Erfolge verdankten die Assyrer in erster Linie der Armee, der gefürchtetsten des Nahen Ostens. Ein stehendes Heer, in dem Söldner als Berufskrieger dienten, sowie eine Reihe von Errungenschaften der Militärtechnik sicherten ihnen einen Vorsprung. Die schwerbewaffnete Reiterei erwies sich bei der Verfolgung und Vernichtung der Gegner als überlegen. Mit ihren Belagerungsmaschinen konnten die Assyrer verhältnismäßig rasch befestigte Städte erobern. Vor allem aber entwickelte diese Armee den systematisch ausgeübten Terror bis zur Perfektion; brutal wie kaum eine andere bahnte sich die assyrische Soldateska ihren Weg.

In ermüdender Eintönigkeit listen die assyrischen Annalen die nach jedem Sieg verhängten Strafen auf. Demnach gehörte es zum Standardrepertoire der psychologischen Kriegsführung, die Besiegten zu Hunderten und Tausenden zu foltern oder zu pfählen, ihnen Beine, Arme, Nasen und Ohren abzuschneiden und die so Verstümmelten zur allgemeinen Warnung öffentlich zur Schau zu stellen. Den Erfolg solcher Maßnahmen bestätigt der Prophet Jesaja; allein die Erwähnung der Assyrer verbreitete Angst und Schrecken (5, 26–29): „Er (Jahwe) richtet ein Signal auf für ein Volk aus der Ferne und pfeift es herbei vom Ende der Erde. Und siehe, eilend, schnell kommt es herbei. Kein Müder, kein Strauchelnder ist darunter. Es wird nicht rasten und wird nicht ruhen. Keinem lockert sich sein Hüftgürtel, noch reißt ihm der Riemen seiner Sandalen. Seine Pfeile sind geschärft und all seine Bogen gespannt. Seiner Pferde Hufe sind Kieseln gleich und seine Wagenräder dem Sturmwind. Sein Gebrüll ist dem Löwen gleich, und es brüllt wie der Junglöwe. Es knurrt, packt seine Beute und schleppt sie weg; und niemand entreißt sie ihm!"

In Israel selbst herrschte in der Mitte des 8. Jahrhunderts ein Bürgerkrieg sondergleichen. Nach dem Tod Jerobeams II. 753 folgten in zehn Jahren fünf Könige aufeinander. Wieder entluden sich alte Stammesrivalitäten – „Manasse wider Ephraim und Ephraim wider Manasse" (Jesaja 9, 21) – in unerklärbaren Grausamkeiten, die sogar noch jene der Assyrer übertrafen; so verheerte der aus Manasse stammende Menachem (752–742) die im Grenzgebiet Ephraims liegende Stadt Thappuah und ließ dort die Bäuche schwangerer Frauen aufschlitzen (2. Könige 15, 16).

Von der damaligen inneren Situation Israels, den teilweise chaotischen Zuständen, die den fortschreitenden inneren und äußeren Zerfall des Reiches begleiteten, zeichnet das Buch Hosea ein überaus plastisches Bild. Mit dem raschen Wechsel der Herrscher und der politischen Richtungen ging der Zusammenbruch von Recht und Ordnung Hand in Hand. Der Versuch Omris, ein einheitliches Staatsvolk zu schaffen, war – wenn ihm je hätte Erfolg beschieden sein können – seit den Zeiten Jehus gescheitert. Hinzu kam, daß es auch unter den Hebräern keinen Zusammenhalt mehr gab. Längst diktierte ein Krieg das Geschehen, in dem allein das Recht des Stärkeren galt. In Israel herrschte Anarchie. Jesaja brachte die Situation in seiner bildhaften Sprache zum Ausdruck (9, 18–19): „Keiner verschonte den anderen. Man verschlang zur Rechten und blieb hungrig, man fraß zur Linken und wurde nicht satt. Ein jeder fraß das Fleisch seines Nächsten."

Als sich in dieser Lage 733 der König Pekach (741–730) einer anti-assyrischen Koalition anschloß, kam das Ende in der Tat schnell. Der assyrische König Tiglatpilesar III. (745–727), der sich ohnehin auf einem Feldzug in Syrien befand, reduzierte Israel auf einen Reststaat, der sich im wesentlichen auf das Gebiet von Samaria beschränkte. Zwei Drittel des israelitischen Staatsgebietes wandelte der Assyrer in drei Provinzen um: Megiddo (Galiläa mit der Jesreel-Ebene), Dor (die Küstenebene südlich des Karmel) und Gilead (das Ostjordanland).

Der Assyrerkönig ließ die ansässige israelitische Oberschicht deportieren; ein assyrischer Annalentext führt aus (TUAT 1, 4, 374): „Das Haus Omri (Israel), die Gesamtheit seiner Leute und seiner Habe führte ich nach Assyrien ... Den Hosea setzte ich als König über sie ein. Zehn Talente Gold (300 kg) und 1000 Talente Silber (3000 kg) empfing ich von ihnen als ihre jährliche Abgabe."

Hosea (730–722), der nur noch bedingt König zu nennen ist, probte den Aufstand, als Tiglatpilesar 727 starb. Solche

Erhebungen folgten mit einer gewissen Regelmäßigkeit, basierten die Absprachen zwischen den Staaten doch auf Vasalleneiden, die der abhängige Herrscher dem assyrischen König leistete. Diese Eide hatten eine stark personale Komponente und galten daher häufig mit dem Tod eines der beiden Partner als beendet. Daß der assyrische Nachfolger, in diesem Fall Salmanassar V. (727–722), dies anders sah, verwundert nicht. Darüber hinaus verfügte er über die Mittel, seine Anschauung durchzusetzen. 722, kurz vor seinem Tod, nahm er die Kapitulation Samarias entgegen. Die fällige Strafaktion führte bereits sein Nachfolger Sargon II. (722–705) durch (TUAT 1, 4, 382): „Die Samarier, die gegen meinen königlichen Vorgänger Groll hegten und, um keine Untertänigkeit zu bezeugen und keinen Tribut zu liefern, ... Krieg führten – in der Kraft der großen Götter, meiner Herren, kämpfte ich mit ihnen. 27 280 Einwohner nebst Streitwagen und den Göttern, auf die sie vertrauten, rechnete ich als Beute. 200 Streitwagen für mein königliches Heer hob ich unter ihnen aus, und ihre Reste siedelte ich in Assyrien an. Samaria wandelte ich um und machte es größer als zuvor. Leute aus Ländern, die ich mit meiner Hand erobert hatte, ließ ich darin einziehen. Einen General stellte ich als Statthalter über sie ein, und ich zählte sie zu den Einwohnern Assyriens."

Die hier geschilderten Deportationen betrafen vornehmlich die Oberschicht, während die Bauern, deren Arbeitskraft die Assyrer vor Ort benötigten, blieben. Die assyrische Deportationspraxis sorgte in der Region für einen politischen und ethnischen Neubeginn mit weitreichenden Folgen, da neue Siedler an die Stelle der alten traten. Auf diese Weise fand in dem immer stärker wachsenden Riesenreich Assurs ein stetiger Austausch von Bevölkerungsgruppen statt, der zu einer Homogenisierung beitrug. Auf dem ehemaligen Gebiet Israels wurden Bauern aus Babylon, dem nordsyrischen Hamath sowie Araber angesiedelt (TUAT 1, 4, 380): „Die ... fernen Araber, welche die Wüste bewohnen, keinen Vorsteher oder Verwalter kennen und keinem einzigen König Tribut geliefert hatten, streckte ich (Sargon II.) mit der Waffe (des Gottes) Assur, meines Herrn, nieder. Ihre Reste (Überlebenden) deportierte ich und siedelte sie in Samaria an."

Damit endete das Königreich Israel. Die ehemaligen Bewohner, Hebräer und Kanaanäer, wurden in unterschiedliche assyrische Reichsteile umgesiedelt und gingen dort spurlos in der bereits ansässigen Bevölkerung auf. Die Rolle der Israeliten als einer eigenständigen Kraft der antiken Ereignisgeschichte war damit weitgehend zum Abschluß gelangt. Allein eine Gruppe, die in das Gebiet des zwar ewig mit Israel verfeindeten, aber dennoch ‚verwandten' Juda geflohen war, wird uns weiterhin beschäftigen.

7. Juda im Schatten Israels

In innenpolitischer Hinsicht änderte sich für Juda nach der Auflösung der Doppelmonarchie (S. 43) kaum etwas. Die Region blickte bereits vor David auf eine zweihundertjährige eigenständige Entwicklung zurück, die im wesentlichen der geographischen Lage zu verdanken war: Das Land lag verkehrspolitisch abseits, wodurch es weitaus weniger die Aufmerksamkeit der Großmächte auf sich lenkte.

Anders als Israel konnte Juda nach dem Tod Salomos auf eine zwei Generationen währende monarchische Tradition mit einer einheimischen Dynastie zurückblicken, die gar keine Frage nach einer anderen Staatsform aufkommen ließ. Juda besaß zudem eine etablierte Hauptstadt, die zwar manches vom Glanz salomonischer Zeiten einbüßte, aber mit dem Tempel das unbestritten von allen anerkannte kultische Zentrum besaß. Dies alles bildete im Denken der Judäer eine geschlossene Einheit: die Dynastie Davids und der Tempel als königliches Heiligtum.

Rehabeam (932–916) trat in Juda die Nachfolge seines Vaters Salomo ohne Probleme an. Eine seiner wichtigsten Maßnahmen bestand darin, das Verwaltungssystem, das die Hofhaltung in Jerusalem materiell sicherzustellen und die Dienstleistungen zu organisieren hatte, auf eine neue Basis zu stellen. Wie Salomo einst Israel, so teilte nun Rehabeam Juda in zwölf Verwaltungsbezirke, von denen jeder für einen Monat die Versorgung von Hof und Harem zu übernehmen hatte.

War in dieser Hinsicht rasch eine Lösung gefunden, die auf keine Schwierigkeiten stieß, so war dies bei der Sicherung der Grenzen Judas anders. Wie verwundbar der Staat trotz seiner Lage im ‚Hinterland' war, zeigte ein Ereignis des Jahres 926. Der libysche Adlige Schoschenk hatte noch während der Regierungszeit Salomos in Ägypten die bestehende Dynastie gestürzt und eine neue begründet. Zur Sicherung seiner Herrschaft benötigte er außenpolitische Erfolge, und solche erlangte

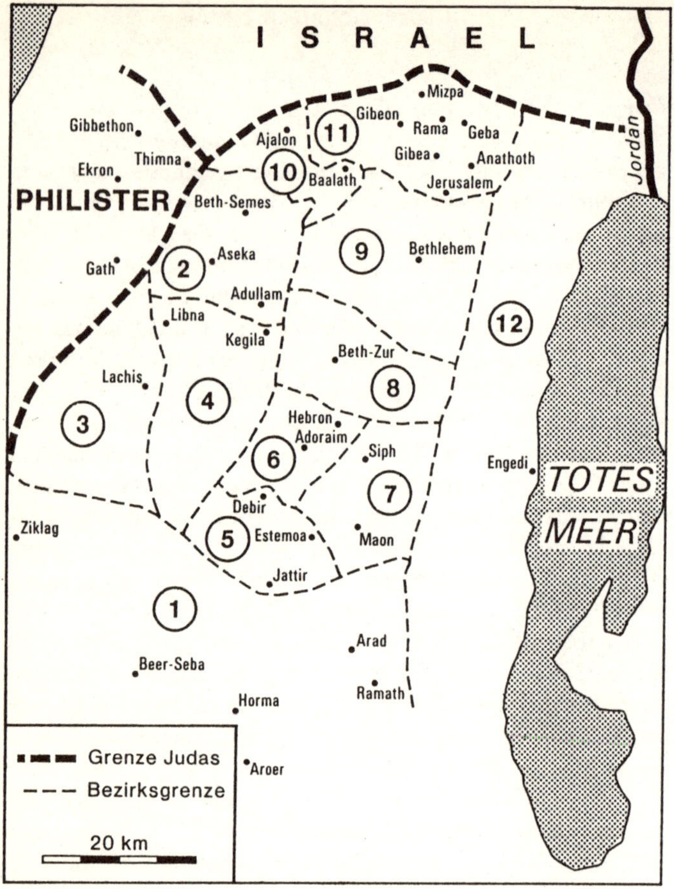

Bezirkseinteilung Judas

jeder Pharao, wenn er die Autorität Ägyptens in Kanaan wiederherstellte. Schoschenks Erfolg war zwar ohne langfristige Konsequenzen, aber spektakulär. Seine Siegesstele am Amun-Tempel von Karnak listet 180 Orte auf, die er erobert hat. Diese Städte sind als Gefangene dargestellt, die dem Pharao an Stricken zugeführt werden. In dieser Liste taucht Jerusalem nicht auf. Der Aufstieg in die unwegsamen Bergregionen Judas lohnte sich nicht, zumal Schoschenk vornehmlich an Beute interessiert war und Rehabeam auf Tempelschätze zurückgriff, um die Hauptstadt zu retten, das heißt freizukaufen; im Zuge der damit einhergehenden Sparmaßnahmen wurden in Jerusalem goldene Schilde, die den Palast schmückten, durch eherne ersetzt.

Unmittelbar anschließend ließ Rehabeam im Süden und Westen Judas eine Reihe von Festungen errichten und das Land gleichsam einigeln. Das größere Problem stellte allerdings die Nordgrenze dar. Jerusalem hatte als Hauptstadt der Doppelmonarchie nahezu ideal gelegen, im äußersten Norden Judas an der Grenze zu Israel. Diese Lage bedeutete nun, daß der Staat Juda im Norden eine offene Flanke hatte, an der zudem seine Hauptstadt lag. Nördlich ist Jerusalem ein ziemlich ebenes Gelände vorgelagert, auf dem sich Truppenverbände leicht formieren konnten. Von hier aus sollten die Römer 70 n. Chr. den Angriff ihrer Legionen gegen Jerusalem eröffnen (S. 114). Dies mag verdeutlichen, weshalb die Nordgrenze Judas jahrzehntelang zum Zankapfel mit Israel geriet.

Dieser Konflikt schien für Juda rasch prekär zu werden, als der israelitische König Baësa (910–887) mit den Aramäern von Damaskus ein gegen Juda gerichtetes Bündnis schloß, für das er mit Gold und Silber bezahlte. Daraufhin besetzte Baësa einen Teil des zwischen Juda und Israel strittigen benjaminitischen Gebietes und baute den Ort Rama zur Festung aus, „damit niemand bei Asa, dem König von Juda, aus- und eingehen könne“ (1. Könige 15, 17). Damit hatte er die Südgrenze Israels bis auf zehn Kilometer an Jerusalem herangeführt. Dem König von Juda blieb mangels militärischer Möglichkeiten nichts anderes übrig, als Baësa in Damaskus finanziell zu überbieten. Für den Rest der Edelmetalle, die nach dem Durchzug Schoschenks noch im Tempel verblieben waren, erklärte sich der Aramäerkönig zu einem Frontwechsel bereit, zumal er sich auf diese Weise auf Kosten des ihm benachbarten Israel territorial bereichern konnte. Als er den Norden angriff, zog sich Baësa Hals über Kopf von der

Grenze zurück, so daß Asa dessen zurückgelassene Materialien zum Ausbau der Festungen Geba und Mizpa nutzen konnte. Damit lag die Nordgrenze Judas zwar immer noch ‚vor der Haustür' der Hauptstadt, aber sie war wenigstens so befestigt, daß sie den meisten Angriffen aus Israel standhalten konnte.

Die weitere Geschichte Judas verlief lange Zeit hindurch ohne besondere Höhepunkte, zumindest ist das Alte Testament äußerst karg in seinen Bemerkungen. Auf Rehabeam folgten sein Sohn Abia und nach einer kurzen Regierungszeit (916–914) dessen Sohn Asa. Dieser regierte 40 Jahre (914–874), von denen wir nur erfahren, daß der König gegen Ende seines Lebens an einer Fußkrankheit litt.

Wenn das erste Buch der Könige über die Regierungszeit des Josaphat (874–850) schreibt, daß er „Friede hielt mit dem König von Israel" (1. Könige 22, 45), dann heißt dies nichts anderes, als daß der König von Juda ein getreuer Vasall der Politik der Omriden war. „Ich wie du, mein Volk wie dein Volk, meine Pferde wie deine Pferde", läßt das Alte Testament Josaphat diese totale Abhängigkeit formulieren (1. Könige 22, 4). Juda mußte Truppen für den Kampf Israels gegen Salmanassar stellen, und für Juda war der Feldzug ebenso unergiebig wie für das Nordreich.

Das Ende der Omriden tangierte Juda, als dessen König dem Gemetzel der Anhänger Jehus zum Opfer fiel. Daraufhin übernahm in Jerusalem seine Gemahlin Athalja, die Schwester des ermordeten israelitischen Königs Joram, die Regierung (842–837). Die alttestamentlichen Erzählungen gewinnen nun leicht märchenhafte Züge. Athalja habe alle Davididen hinrichten lassen; dies klingt noch plausibel. An typische Märchenmotive gemahnt die Feststellung, allein ein Säugling sei dem Blutbad dieses weiblichen ‚Herodes' entkommen. Dieser Joas sei von der Frau des Oberpriesters, einer Schwester des ermordeten judäischen Königs Josaphat, versteckt worden. Wie dem auch sei: Sieben Jahre später präsentierte der Oberpriester diesen Knaben den Offizieren der königlichen Garde, die der Krönung zustimmten. Man war offensichtlich froh, eine Regentin, die einen von ihr gepflegten Baal-Kult in Jerusalem eingeführt hatte, los zu werden.

Mit dem siebenjährigen Herrscher war es für die Priester des Tempels und die Repräsentanten des Volkes leicht, Verträge zu schließen. Auf diese Weise sicherten sich die Vertreter des Volkes stärkere Mitbestimmungsrechte, und die Priester verfestigten ihre Rolle innerhalb der Staatsreligion. Wie in Israel begann in Juda die Beseitigung der Baal-Kulte. Aber die von den Königen anerkannte, ja teilweise begünstigte kanaanäische Religion war breiten Schichten auch der hebräischen Bevölkerung längst vertraut; die Verschmelzung hebräischer und kanaanäischer Gottesvorstellungen schritt unvermindert fort.

Weil der Druck der Aramäer auch auf Juda ausgeweitet wurde, half sich Joas (837–797) mit einem probaten Mittel, als die Feinde unmittelbar vor der Hauptstadt standen: Er kaufte sich mit Hilfe der wieder angesammelten Tempelschätze frei. Der König fand 797 einen gewaltsamen Tod, über dessen Hintergründe uns das Alte Testament völlig im Dunkeln läßt. Die Nachfolge ging auf seinen Sohn Amazja über (797–769), dem zunächst dank der günstigen außenpolitischen Lage einige bescheidene Erfolge bei der Wiederherstellung der alten Staatsgrenzen gelangen.

Doch dann setzte Amazja beinahe die Existenz seines Reiches aufs Spiel, als er einen sinnlosen Krieg gegen das Nordreich begann. Er hatte für einen Feldzug gegen Edom Söldner in Israel angeworben. Als diese nicht zum Einsatz kamen, verweigerte er ihnen die Bezahlung, wobei er gewußt haben dürfte, was dies bedeutete. Er hoffte wohl, sich aus der Bevormundung Israels befreien zu können. Als die enttäuschte Soldateska sich in judäischen Städten durch Plünderungen Ersatz für den ausstehenden Sold verschaffte, erklärte Amasja Israel den Krieg. Der dortige König Joas (799–784) rüstete seinerseits auf und griff Juda an. Er schlug das judäische Heer bei Beth-Semes vernichtend und nahm Amazja gefangen. Nun war der Weg für Israel frei, einen Traum zu verwirklichen. Seine Truppen eroberten Jerusalem. Joas ließ einen Teil der

Mauern schleifen und die Stadt plündern. Dabei machten die Truppen nicht einmal vor dem Tempel Halt. Erst als der judäische König sich bereit erklärte, Geiseln zu stellen, kam er frei. Für Juda bedeutete seine Regierungszeit den Tiefpunkt in der bisherigen Geschichte.

Daher brach nach dieser Demütigung gegen den König in Jerusalem ein Aufstand aus, der ihn zwang, die Stadt zu verlassen; einige Zeit später wurde er unter ähnlich mysteriösen Umständen wie sein Vater ermordet. Unter seinem Sohn Asarja (769–741) schien sich die Lage Judas zu verbessern. Da der fortwährende Druck der Aramäer auf das Nordreich dessen Kräfte band, konnte sich Juda von Israel befreien und allmählich erholen. In euphorischen Worten und zweifellos übertreibend frohlockt das Alte Testament (Jesaja 2, 7): „Es füllte sich das Land mit Silber und Gold, kein Ende nahmen die Schätze. Es füllte sich das Land mit Pferden, kein Ende nahmen die Streitwagen." Jerusalem erhielt neue Befestigungsanlagen, die Armee wurde umorganisiert und neu ausgerüstet. Der Handel mit Tyros und Sidon lebte wieder auf, allerorten zeigte sich Prosperität. Doch sollten bald alle diejenigen eines Besseren belehrt werden, die glaubten, Juda sei aus dem Schatten Israels herausgetreten.

Erneut bestimmte der Norden die Geschicke und Geschichte des Südens, als Pekach von Israel zusammen mit Rezin von Damaskus den Plan faßte, die Oberhoheit Assurs abzuschütteln. Bei ihrer Suche nach Verbündeten verfielen sie auf Juda, und als sich der dortige Herrscher weigerte, rüsteten sie gegen ihn. Für ihre Aufstandspläne wäre es zu gefährlich gewesen, ein neutrales oder gar feindliches Juda im Rücken zu haben. Israeliten und Aramäer rückten in Juda ein, Edom sagte sich endgültig von den Davididen los, und vom Westen griffen die Philister an.

In dieser verzweifelten Lage tat König Ahas (734–715), der mittlerweile regierte, einen folgenreichen Schritt. „Ich bin dein Diener und dein Sohn", schrieb er an den assyrischen Herrscher Tiglatpilesar III. (2. Könige 16, 7). Damit unterwarf er sich Assur, und der assyrische König, der ohnehin auf dem Weg in die Region war, griff 733 Israel an und beseitigte die Gefahr für Juda. Nach fast zwei Jahrhunderten war der Staat endlich aus dem Schatten Israels herausgetreten – und geriet sogleich in die Abhängigkeit Assurs.

8. Juda als Provinz Assurs

Nach zwei Jahrhunderten war Juda aus dem Schatten Israels herausgetreten; doch dies kostete seinen Preis. Juda war nun ein Teil Assyriens, der judäische König Vasall geworden. 732 erschien Ahas von Juda persönlich vor Tiglatpilesar in Damaskus. Dort leistete er den Treueid, besprach die Tribute und empfing Informationen über den Umgang mit seiner neuen politischen Rolle. Zu seinen Untertanenpflichten gehörte es, den Reichsgott Assur in das Götterpantheon des Jerusalemer Tempels aufzunehmen. Dieser Assur garantierte den Vertrag zwischen den beiden Königen und schützte sämtliche Territorien, die zu Assyrien gehörten. Die Details für die notwendigen Baumaßnahmen erfuhr Ahas ebenfalls in Damaskus (2. Könige 16, 10–11): „Nun zog der König Ahas zur Begegnung mit Tiglatpilesar, dem König von Assur, nach Damaskus. Und als er den Altar in Damaskus sah, sandte er dem Priester Urija die Maße und das Modell des Altars, genau nach seiner Bauart. Und der Priester Urija baute den Altar, genau nach der Weisung, die der König Ahas von Damaskus aus gesandt hatte." Ahas ließ seinen privaten Eingang zum Tempel zumauern, um damit anzudeuten, daß nicht länger er, sondern der assyrische König Herr des Tempels sei. Juda setzte zunächst den Weg der Vermischung unterschiedlicher Göttervorstellungen fort. Ahas versicherte sich der Hilfe vieler Götter, um sein Reich gegen alle äußere Bedrohung zu erhalten.

Juda war, wie erwähnt, aus dem Schatten Israels herausgetreten, doch betraf dies allein die lange außenpolitische Dominanz durch den Norden. Auf einer anderen Ebene setzte sich der israelitische Einfluß fort, ja verstärkte sich sogar. Denn als 721 Samaria erobert wurde, strömten zahlreiche Flüchtlinge nach Süden. Wir dürfen annehmen, daß es sich bei ihnen meist um Angehörige der hebräischen Bevölkerung gehandelt hat, die jene Gruppe in Jerusalem beträchtlich vergrößerten. Die Israeliten siedelten vor allem in der Hauptstadt, die sich sprunghaft auf das Drei- bis Vierfache ihrer ehemaligen Fläche vergrößerte. Auf dem Westhügel Jerusalems wurde ein stark befestigtes Wohngebiet geschaffen für diese „Fremdlinge, die aus Israel gekommen waren" (2. Chronik 30, 25). Durch den Bevölkerungszuwachs wurde Jerusalem zum Zentrum hebräischer Kreise und dies weit über das Ende Judas hinaus.

Angesichts der Tatsache, daß unmittelbar vor den Toren der Hauptstadt assyrisches Reichsgebiet begann, setzte Hiskia (715–697) zunächst die Politik seines Vorgängers fort und beherzigte den Rat des Jesaja (30, 15): „Im Stillhalten und Vertrauen liegt eure Kraft." Doch allzu lange hielt Hiskia nicht still.

Die Gründe für antiassyrische Bewegungen in Juda mögen teilweise im Trend der Zeit gelegen haben. Sargon II. von Assur (722–705) war fast während seiner gesamten Regierungszeit damit beschäftigt, seine Herrschaft nach innen und außen zu stabilisieren. Da mochte in einem Zwergstaat wie Juda der Gedanke aufkeimen, wider den Stachel zu löcken. Zudem machten sich schubweise Strömungen bemerkbar, die die Bevormundung durch Assur ablehnten. Anlaß der Proteste waren politische, wirtschaftliche, kulturelle und hier vor allem kultische Vorgaben Assurs. Vertreter des Jahwe-Kultes sahen in den Göttergestalten, die mit der Zeit im Tempel Jerusalems Einzug gehalten hatten, eine Abkehr von der Religion der Väter – wie sie sie verstanden. Solche Kreise, die durch die Israeliten Zulauf erhalten hatten, forderten daher die Vertreibung der Assyrer nebst ihren Gottheiten. 713 konnten sie diese Politik offensichtlich auch dem Hof vermitteln.

Als in der Philisterstadt Asdod Thronwirren zur Einstellung der Tributzahlungen an Assur führten, griff der Aufstand rasch um sich. Hiskia schloß sich ihm an; in Jerusalem richteten sich die Hoffnungen vor allem auf die zweite Großmacht, die immer wieder in die Geschichte des syrisch-palästinischen Raumes eingegriffen hatte: Ägypten. Dort hatte inzwischen die sogenannte äthiopische Dynastie das Heft in die Hand genommen. Ihre Abgesandten, fremdartige Gestalten aus dem „hochgewachsenen und blanken Volke", sprachen auch in Jerusalem vor (Jesaja 18, 2). Hier siegten nochmals die Skeptiker wie Jesaja, die davor warnten, daß der Ägypter sich als „geknickter Rohrstock (entpuppen könne), der dem, der sich darauf stützt, in die Hand dringt“ (2. Könige 18, 21). Doch allzu lange hielt diese Einsicht nicht an; selbst als Sargon den Aufstand in Asdod niederschlagen ließ, glaubten in Jerusalem offenbar viele, es besser machen zu können als andere, die immer und immer wieder gescheitert waren.

705 starb Sargon, und Hiskia hielt die Zeit für gekommen, die Tributzahlungen einzustellen. Er wagte die Loslösung von Assur, welche die späteren Erzähler des Alten Testaments kühn als Kultreform feierten. Hiskia vollzog den Schritt nicht unvorbereitet. In vielen Städten waren die Verteidigungsanlagen verbessert und Lebensmittelvorräte eingelagert worden. Etwa 400 Krughenkel mit Stempeln der königlichen Verwaltung, mit denen die Vorratsgefäße gekennzeichnet waren, zeugen noch heute von den seinerzeitigen Aktivitäten. Zeugnis legt ferner der berühmte Siloa-Tunnel in Jerusalem ab, der damals gegraben wurde, um die Wasserversorgung der Hauptstadt bei der zu erwartenden Belagerung der Assyrer zu sichern. Von zwei Seiten arbeiteten Bautrupps unterirdisch aufeinander zu, und voll Stolz brachte man im Innern des Berges die Inschrift an (TGI 66): „Vollendet wurde der Durchbruch. Und so verhielt es sich mit dem Durchbruch: Als noch die Steinhauer schwangen die Beilhacken, jeder auf seinen Kameraden zu, und als noch drei Ellen zu durchschlagen waren, wurde gehört die Stimme eines jeden, der seinen Kameraden rief, denn es war ein Spalt im Felsen von rechts nach links. Und am Tage des Durchbruchs schlugen die Steinhauer jeder auf seinen Kameraden zu, Beilhacke gegen Beilhacke. Da floß das Wasser vom Ausgangsort zum Teich an 1200 Ellen (553 m); und 100 Ellen (46 m) betrug die Höhe des Felsens über den Köpfen der Steinhauer.“

Zeugnis der Verteidigungsanstrengungen legen ferner die archäologischen Überreste der Stadt Lachis ab. Sie war von einer mächtigen Mauer umgeben, zu der ein massiver Torkomplex gehörte, der größte, der bisher auf dem Gebiet der

Assyrisches Relief:
Eroberung von Lachis – Schleuderer und Bogenschützen

ehemaligen hebräischen Monarchien gefunden wurde. Alles schien gegen den Ansturm der Assyrer gerüstet. Sie kamen 701.

Über die Kämpfe um eben diese Festungsstadt Lachis besitzen wir einzigartiges Quellenmaterial. Neben den Siegesberichten Sanheribs (705–681), der die Nachfolge Sargons angetreten hatte, sind dies Reliefs, die in Ninive gefunden wurden und die in einer Art Bildreportage den Kampf um Lachis schildern.

Die Belagerung der Festung leitete Sanherib persönlich, nachdem er in der Nähe sein Heerlager aufgeschlagen hatte. Zunächst rückten Bogenschützen und Steinschleuderer gegen die Stadt vor.

Im Brennpunkt des Geschehens standen das Stadttor und die große assyrische Belagerungsrampe. Sie war, nach den heutigen Resten zu urteilen, an ihrem Fuß etwa 55 bis 60 Meter und an der Mauer noch mindestens zehn Meter breit. Auf ihr wurden die mobilen Rammböcke herangeschoben, die Scharen von Fußsoldaten begleiteten.

Auf die Rammblöcke prasselte von den Mauern ein Hagel von Wurfgeschossen nieder. Das ganze Umfeld der Rampe war

Assyrisches Relief: Belagerungsrampe der Assyrer

bei den Ausgrabungen mit Pfeilspitzen und Schleudersteinen übersät. Doch aller Widerstand war vergeblich (TUAT 1, 4, 391): „Sanherib, König der Welt, König von Assyrien, setzte sich auf einen Thronsessel, und die Beute von Lachis zog an ihm vorbei." Nach dem Vorbeimarsch wurden zahlreiche Aufständische hingerichtet. Von den Opfern dieser Strafmaßnahme und der vorhergehenden Kämpfe zeugt ein Massengrab aus dieser Zeit, das die Gebeine von mindestens 1500 Menschen enthält, die von Tierknochen und anderen Abfällen bedeckt waren.

Weitere Personen wurden in die Verbannung geschickt. Männer, Frauen und Kinder, ihre Bündel geschultert, weitere Habseligkeiten auf zweirädrigen Ochsenkarren verstaut, verließen, von assyrischen Soldaten bewacht, das Land.

Das Schicksal von Lachis teilten weitere Städte (TUAT 1, 4, 389): „46 mächtige ummauerte Städte sowie die zahllosen kleinen Städte ihrer Umgebung belagerte und eroberte ich durch das Anlegen von Belagerungsrampen, Einsatz von Sturmwiddern, Fußsoldatenkampf, Untergrabungen, Breschen und Sturmleitern. 200150 Leute, groß und klein, männlich und weiblich, Pferde, Maultiere, Esel, Kamele, Rinder und Kleinvieh ohne Zahl (das heißt, dies alles zusammen machte die Zahl 200150 aus) holte ich aus ihnen heraus und zählte

Assyrisches Relief: Wegführen der Beute

sie als Beute. Ihn (Hiskia) selbst schloß ich wie einen Käfigvogel in Jerusalem, seiner Residenz, ein. Schanzen warf ich gegen ihn auf, und das Hinausgehen aus seinem Stadttor verleidete ich ihm." Nun war Jerusalem isoliert „wie eine Hütte im Gurkenfeld"(Jesaja 1, 8). Hiskia bot noch rechtzeitig die Unterwerfung an. Sanherib erhöhte die Tribute und schränkte Hiskias Herrschaftsbereich auf den Stadtstaat Jerusalem ein (TUAT 1, 4, 390): „Zum früheren Tribut, ihrer jährlichen Gabe, fügte ich eine Abgabe als Geschenk für meine Herrschaft hinzu und legte ihnen diese auf. Jenen Hiskia warf die Furcht vor dem Schreckensglanz nieder ... Seine Elitetruppen, die er zur Verstärkung seiner Residenz Jerusalem hineingebracht und als Hilfstruppen angeworben hatte, ließ er zusammen mit 30 Talenten Gold (900 kg), 800 Talenten Silber, erlesenem Antimon, großen Blöcken ... Stein, Betten aus Elfenbein, elfenbeinernen Lehnsesseln, Elefantenhaut, Elfenbein, Ebenholz, Buchsbaumholz, allerhand wertvollen Schätzen (Silber und das übrige machten 800 Talente [2400 kg] aus) sowie seinen Töchtern,

Palastfrauen, Sängern und Sängerinnen nach Ninive, der Stadt meiner Herrschaft, hinter mir herbringen. Um die Abgabe abzuliefern und Untertänigkeit zu bezeugen, schickte er seinen Gesandten."

Jerusalems Rettung war mit hohen Tributen erkauft, wurde allerdings als ein Wunder betrachtet, das man auf das Eingreifen Gottes zurückführte. So konnte sich die Stadt noch ein Jahrhundert lang behaupten. Jahwe schütze sein Heiligtum; so priesen es die Hebräer in ihren Erzählungen.

Juda erlebte die folgenden 90 Jahre als Vasall Assurs. Der Altar dieses Gottes stand wieder im Tempel. Judäische Könige lieferten ihren Beitrag zu den assyrischen Eroberungen wie denjenigen in Ägypten. Die alttestamentlichen Erzähler konnten dieser Politik nichts abgewinnen. Unter Manasse (697–642), so schreiben die Königsbücher, sei Jerusalem wie eine „übervolle Schale bis an den Rand mit Blut gefüllt" gewesen (2. Könige 21, 16). Möglicherweise setzte der König die politisch geforderte kultische Vielfalt mit Gewalt durch. In seine Regierungszeit fiel der größte Triumph der assyrischen Weltmacht: die Einnahme des ägyptischen ‚hunderttorigen' Theben durch Assurbanipal 664, ein Ereignis, das die damalige Welt aufhorchen ließ.

Nur ein halbes Jahrhundert verging zwischen dieser größten Ausdehnung des assyrischen Reiches und dem Zusammenbruch 612, als die assyrische Königsstadt Ninive den Gegnern, unter ihnen die Babylonier, in die Hände fiel. Zerfallserscheinungen an den Randzonen des ehemaligen Machtbereichs waren die unvermeidliche Folge.

Es ist schwierig, zumal auf knappem Raum, die Ursachen für den Untergang des assyrischen Reiches zu schildern. Aus der Sicht Judas wäre dies auch nicht nötig gewesen, da dort weltliche Gründe nicht interessierten. Juda war glanzvoll unter David entstanden, dessen Dynastie hatte alle Zeitläufte überdauert. Jerusalem, oft bedroht, war zwar einmal von Israel erobert, aber nie zerstört worden. Immer wieder schien Jahwe seine schützende Hand über seine Stadt und seinen Tempel zu halten, dabei dankenswerterweise alle Sünden seines Volkes ignorierend. Juda hatte seinen Erzfeind Israel und jetzt sogar das assyrische Weltreich überlebt. Bedurfte es weiterer Beweise der Allmacht Gottes? Als Ninive fiel, bestand für weite Kreise Judas kein Zweifel mehr daran, daß die Verwirklichung des messianischen Reiches unmittelbar bevorstand.

Für diese Kreise war es selbstverständlich, daß auch Juda endlich Jahwe seinen gebührenden Platz einräumte. Der König, der die politischen und kultischen Reformen durchführte, war Josia (640–609). Als Achtjähriger hatte er 640 den Thron bestiegen, 612 sah er die Zeit reif, Jahwes Rolle im Staat endlich zu etablieren.

Zunächst vertrieb man in Jerusalem die assyrischen Beamten, stellte die Tributzahlungen ein und entfernte den assyrischen Staatsgott aus dem Tempel. Im Zweistromland blieben diese Aktionen am ‚Rande der Welt' zunächst folgenlos. Dies ermutigte Josia weiterzugehen. Sein Ziel war die Neuorganisation des Staates im Innern und die Konsolidierung der Herrschaft nach außen; er hatte sich offenbar den Umfang des davidischen Staatsgebietes zum Ziel gesetzt. Da er seine Aktivitäten zu einer Zeit entfaltete, während der – ähnlich wie unter David – in Syrien-Palästina ein Machtvakuum bestand, und er zudem seine Möglichkeiten behutsam nutzte, errang er beachtliche Erfolge.

Als erstes griff er auf die ehemalige assyrische Provinz Samaria über und eroberte zudem die Philisterstadt Ekron. Als die Judäer das Heiligtum in Bethel zerstörten, beseitigte Josia ein altes Symbol des israelitischen Königtums; es war ein Zeichen dafür, wie tief die Wunden noch waren, die Israel einst Juda zugefügt hatte. Im Laufe der Jahre brachte Josia offenbar die gesamte Provinz Samaria unter seine Kontrolle und griff sogar auf die Provinzen Gilead und Megiddo über. Er versuchte, sein neu entstandenes Territorium durch Garnisonen zu sichern, in denen, wie überall im damaligen östlichen Mittelmeergebiet, auch griechische Söldner stationiert waren.

Diese außenpolitischen Aktivitäten gingen mit innenpolitischen, und dazu gehörten selbstverständlich auch kultische Maßnahmen, Hand in Hand. Dabei sollten die Reformen vor allem die Machtpolitik unterstützen, die im Vordergrund stand. Als das politische Gebilde rasch wieder zerfiel, überdauerten nur die kultischen Veränderungen und zwar durch alle Zeitläufte hindurch.

Der Beginn der kultischen Reformen in Jerusalem gleicht ähnlichen Bemühungen in anderen Regionen des Vorderen Orients. Als der Babylonier Nabonid in der Mitte des 6. Jahrhunderts den alten und lange nicht mehr geübten Brauch, eine Prinzessin als Priesterin des Mondgottes einzusetzen, erneuern wollte, forschte man nach den notwendigen Zeremonien. Nabonid gab vor, sie in alten Texten entdeckt zu haben, die auf wunderbare Weise zutage getreten waren. Als man Tag um Tag über die Lösung nachgedacht hatte, fand Nabonid eine alte Stele Nebukadnezars I. (1126–1105), auf der sich das Bild einer derartigen Prinzessin befand; dort stand auch, wo sich im Tempel die Kleider und Insignien der Priesterin befanden. Nach dem Studium der alten Ton- und Holztafeln verfuhr er wie in den ‚alten Tagen'. Mit der Herleitung ‚aus grauer Vorzeit' wollte man die Autorität derartiger Texte steigern, wie es ähnlich in Jerusalem geschah, als man dortige Schriften als ‚mosaisch' ausgab.

Doch zurück zu Josia. In seinem 18. Regierungsjahr kam bei Restaurierungsarbeiten im Tempel ein Gesetzbuch zutage. Diese Fundgeschichte war sicherlich kein frommer Betrug. Wie später Nabonid suchte man in Jerusalem nach alten Vorbildern, und so fand man, was man suchte, indem man Altes neu entdeckte. In Jerusalem war dies eben ein Gesetzbuch.

Aktuell dürfte allerdings die zu Anfang des Buches auftauchende Forderung nach nur einer Kultstätte gewesen sein. Sie stammte aus Israel, wo man sie entwickelte, als man nach 721 aller staatlichen Zwänge ledig war. Dieses Programm machte somit israelitische Tradition für Juda verbindlich.

Bereits in Israel hatten jahwistische Kreise immer wieder einmal versucht, ihre Gottesverehrung gegen kanaanäisches Kultwesen abzugrenzen. Jetzt in Juda hatten sie damit Erfolg. Mit dem ‚gefundenen' Gesetzbuch begann die endgültige Durchsetzung des Jahwe-Kultes. Die religiösen Forderungen lassen sich in drei Kernpunkten zusammenfassen: Jahwe soll nur an einem einzigen Ort kultisch verehrt werden, ihm soll die ungeteilte Verehrung zukommen, und die Hebräer sollten als ein von Anfang an gemeinsam handelndes Volk angesehen werden.

Wenn die Hebräer von Anfang an gemeinsam gehandelt hatten, dann war es für Josia geboten, die Gemeinschaft aller Hebräer auch politisch wiederherzustellen, also die assyrischen Provinzen auf dem Boden des ehemaligen Israel zu erobern. Wenn Jahwe ungeteilt verehrt werden sollte, dann war es geboten, alle Fremdkulte in diesem neuen Reich zusammen mit deren Kultpersonal auszurotten. Wenn schließlich Jahwe nur an einem Ort verehrt werden sollte, dann mußten sämtliche bisherigen Jahwe-Heiligtümer, sämtliche Opferstätten, die überall im Lande verstreut lagen, beseitigt werden. Dies bedeutete einen tiefen Einschnitt in das religiöse Leben der Bevölkerung, deren gesamtes kultisches Handeln sich nun auf den Tempel in Jerusalem zu konzentrieren hatte.

Die kultischen Maßnahmen überdauerten die kurzlebigen politischen Erfolge. Die Regierungszeit des Josia hat genügt, um das Heiligtum in Jerusalem als das einzige legitime herauszustellen und die Bedeutung der Hauptstadt über alle Maßen zu erhöhen. Der Tempel stieg zum Zentrum der religiösen Verehrung auf, und er blieb es für die Juden über alle politischen Miseren hinweg bis heute.

Die Phase des politischen Aufschwungs wurde dagegen bereits 609 abrupt beendet, als der ägyptische Pharao Necho II. (610–595) „ein Heer aushob und auf den Euphrat zuzog, um die Meder und Babylonier zu bekämpfen", wie es später Flavius Josephus ausdrückte (Jüdische Altertümer 10, 5, 1). Als Necho in die Jesreel-Ebene einschwenkte, um den kürzesten Weg über den Jordangraben nach Osten zu nehmen, entschloß sich Josia, ihm bei Megiddo den Weg zu verlegen (2. Könige 23, 29): „Da trat ihm (dem Pharao) der König Josia entgegen. Jener aber tötete ihn bei Megiddo, sobald er ihn sah." Josias Tod beendete unwiderruflich die kurze Friedenszeit. Der Traum von einem erneuerten davidischen Großreich war verflogen, der Untergang Judas stand bevor.

9. Die Propheten und der Untergang

Josias Reich zerfiel nach seinem Tod. Für wenige Jahre bestimmte Ägypten das Geschick der Region. Als Necho in seinem Hauptquartier in Syrien Hof hielt, mußte auch der neue judäische König Joahas (609) dort erscheinen; er wurde abgesetzt und nach Ägypten deportiert. Necho setzte einen anderen Sohn Josias als König ein. Die Zahlungen an Ägypten, die bei diesen Vorgängen festgelegt wurden, belasteten Juda erheblich. Jojakim (609–598) mußte „das Land besteuern, um das vom Pharao verlangte Silber zahlen zu können" (2. Könige 23, 35).

Eine weitere Belastung stellte die Diskussion um die Reformen Josias dar. Was war aus der Geschichte zu lernen? Waren die Reformen als gescheitert zu betrachten, weil der König erfolglos in einer Schlacht gefallen war? Galt Jahwes Liebe zu seinem Volk immer noch, weil Jerusalem und der Tempel unversehrt geblieben waren?

Im Jahre 605 ging die ägyptische Herrschaft über Syrien-Palästina zu Ende, ohne daß dies in der Region groß zur Kenntnis genommen worden wäre. Der Babylonier Nebukadnezar (604–562) etablierte ein neues Weltreich im Vorderen Orient. „Der König von Ägypten zog nicht mehr aus seinem Land aus; denn der König von Babel hatte vom Bachtal Ägyptens bis zum Euphrat alles in Besitz genommen, was dem König von Ägypten gehört hatte", resümiert das Alte Testament (2. Könige 24, 7). Die Oberhoheit über Juda hatte zwar gewechselt, die Abhängigkeit und die damit verbundenen leidigen Zahlungen allerdings nicht. Jojakims Pläne, seinen Palast in Jerusalem auszubauen, hätten die Mittel erfordert, die statt dessen ins Zweistromland flossen. Die Belastung der Bevölkerung rief Propheten wie Jeremia auf den Plan, die den Luxus des Hofes geißelten (22, 14): „Wehe dem ..., der spricht: ‚Ich will mir einen stattlichen Palast und luftige Hallen bauen', der hohe Fenster einsetzen läßt, ihn mit Zedern täfelt und rot bemalt!"

Der finanzielle Druck rief nicht nur die Reaktion der Propheten hervor, und so erklärt sich die Entscheidung Jojakims, die Zahlungen an Babylon einzustellen, als Nebukadnezar 600 in Ägypten eine Niederlage erlitt. Jojakims Tod 598 ersparte es ihm, die Konsequenzen seiner Politik erleben zu müssen. Sein achtzehnjähriger Sohn Jojachin (598–597) konnte nur noch die Trümmer, die sein Vater ihm hinterlassen hatte, zusammenfegen und das Schlimmste verhindern. Im Süden eroberten die Edomiter judäisches Territorium trotz verzweifelter Verteidigungsanstrengungen. Jerusalem wurde drei Monate lang von Babyloniern belagert, dann kapitulierte Jojachin. Dadurch entging die Hauptstadt 597 noch einmal der Zerstörung. Die üblichen Deportationen des Herrschers, seiner Familie, des Hofstaats und der obersten Beamten konnte allerdings niemand verhindern. Das gleiche Schicksal traf die waffenfähige Oberschicht und die Handwerker; es waren dies die sprichwörtlich gewordenen ‚oberen Zehntausend' (2. Könige 24, 14).

Die Babylonier setzten in dem erneut verkleinerten Juda einen Herrscher als Verwalter ein: Zedekia (597–587). Aus diesem letzten Jahrzehnt judäischer Staatlichkeit fassen wir vor allem die Diskussion um die Außenpolitik. Prophet gegen Prophet – diesen Eindruck vermittelt das Alte Testament. Auf der einen Seite standen solche, die Jahwes Rolle als Kriegsgott absolut setzten und folgerichtig mit der baldigen Niederlage der Babylonier rechneten (Jeremia 28, 2–4): „Der Prophet Hanaja ... sprach im Hause Jahwes in Gegenwart der Priester und des ganzen Volkes zu Jeremia: So spricht der Herr der Heerscharen, der Gott Israels: Ich zerbreche das Joch des Königs von Babel! Noch zwei Jahre, und ich bringe an diesen Ort alle Geräte des Hauses Jahwes zurück, die Nebukadnezar, der König von Babel, von diesem Ort weggenommen und nach Babel gebracht hat. Auch Jojachin, den Sohn Jojakims, den König von Juda und alle aus Juda Verschleppten, die nach Babel gekommen sind, werde ich an diesen Ort zurückbringen, spricht Jahwe; denn ich werde das Joch des Königs von Babel zerbrechen."

Demgegenüber mahnten andere wie Jeremia (27, 12): „Beugt eure Nacken unter das Joch des Königs von Babel und werdet ihm und seinem Volke untertan, so bleibt ihr am Leben!" Prophet gegen Prophet, dies bedeutete, daß sich beide Seiten auf Gott beriefen, und es bedeutete, daß die Zukunft, die Geschichte, erweisen mußte, wer Recht behalten sollte.

Die Probe aufs Exempel brachten die Jahre 589–587. Zedekia befahl 589 den Aufstand gegen Babylon, das sich in diesem Jahr im Innern und an sämtlichen Grenzen mit zahlreichen Problemen konfrontiert sah. Noch im selben Jahr rückten Truppen Nebukadnezars in Juda ein und eroberten im Laufe des folgenden Jahres fast das ganze Land. Wieder erfahren wir von den Verteidigungsanstrengungen der neu befestigten Garnison Lachis. Hier hoffte der Kommandant bis zuletzt auf Hilfe aus Ägypten, während kleinere Festungen ihren Blick auf das anscheinend so starke Lachis richteten. So sprachen die Verteidiger eines benachbarten Ortes davon, daß sie „auf die Signale von Lachis achten, gemäß allen Anweisungen, die mein Herr gibt, jedoch sehen wir (die Zeichen von) Aseka nicht (mehr)" (TGI 77).

Der Wille der Bevölkerung solcher Orte, Widerstand zu leisten, war ungebrochen, obgleich es Kräfte gab, die durch ihre Reden „die Hände des Landes und der Stadt (Jerusalem) schlaff machten" (TGI 78), wie man außerhalb der Hauptstadt empört feststellte. Zu denjenigen, die die Widerstandskraft der Armee zu schwächen suchten, gehörte Jeremia (21, 8): „So spricht Jahwe: Siehe, ich stelle euch den Weg des Lebens und den Weg des Todes zur Wahl. Wer in dieser Stadt bleibt, der stirbt durch Schwert, Hunger oder Pest. Wer aber zu den Chaldäern (Babyloniern) überläuft, die euch belagern, der wird überleben und trägt sein Leben als Beute davon."

Die Tatsache, daß der Prophet solche Äußerungen überlebte, dürfte für ihre Wirkungslosigkeit sprechen. Nicht wenige hielten ihn schlicht für verrückt – ‚meschugge' lautet der entsprechende Ausdruck, den wir aus dem Jiddischen übernommen haben. Doch schließlich brach die Verteidigung der Hauptstadt, für die Zedekia sogar Sklaven freigelassen hatte, zusammen. Achtzehn Monate hatte man immerhin gegen die Babylonier ausgehalten, dann schlugen jene im Jahr 587 eine Bresche in die Mauer und drangen in die Stadt ein. Nun hielt nichts mehr das Strafgericht Nebukadnezars auf (2. Könige 25, 7): „Die Söhne Zedekias ließ er vor seinen Augen abschlachten; den Zedekia aber ließ er blenden, in Ketten legen und nach Babel abführen." Erneut wurden Teile der Bevölkerung und der ländlichen Oberschicht deportiert. Einen Monat lang ließ der babylonische König seine Soldaten Jerusalem plündern, dann rissen sie die Stadtmauern ein und steckten die Häuser in Brand. Damals ging auch der Tempel in Flammen auf, und Jeremia klagte (9, 18–21): „Ach, wie sind wir verwüstet! Wie sind wir in Schande geraten! Wir müssen die Heimat verlassen, unsere Wohnungen sind zerstört! ... Der Tod ist uns durchs Fenster gestiegen, ist eingedrungen in unsere Paläste. Er rafft das spielende Kind von der Straße weg, den jungen Mann vom Markt. Und es liegen die Leichen der Menschen wie Mist auf dem Feld, wie Garben hinter dem Schnitter, die niemand sammelt."

10. Das Exil

Mit dem Exil begann für die politische Geschichte der Hebräer eine neue Zeit. Sie haben fortan keinen selbständigen Staat mehr gebildet, sieht man von der kurzen Ausnahme der Makkabäerherrschaft ab (S. 100). Dennoch überlebte Israel durch Juda und dann auch Juda selbst seinen staatlichen Untergang. Mit dem Ende Judas setzt die Geschichte des ‚Volkes Israel' ein, doch war dies ein anderes ‚Israel' als dasjenige, von dem bislang die Rede war. Ich möchte daher zur Unterscheidung für die im folgenden zu schildernde Entwicklung von den ‚Juden' sprechen.

Das Überleben der Juden als religiös-kultureller Gemeinschaft nach den beiden politischen Zäsuren der Zerstörung der Staaten Israel und Juda hatten sie vor allem zwei Ursachen zu verdanken.

Die erste war eine äußere. Anders als die Assyrer mit den Israeliten verfahren waren (S. 57), siedelten die Babylonier die Deportierten in geschlossenen Wohngebieten an und ermöglichten ihnen ein weitgehend ungestörtes Eigenleben. Dies ging so weit, daß die Juden sogar Jojachin, solange dieser lebte, als ihren legitimen König ansehen konnten, wenngleich er ein Herrscher ohne Land war. Eine Zeitlang datierten die Deportierten „nach der Verbannung des Königs Jojachin" (Ezechiel 1, 2). Ebenfalls im Unterschied zu den Assyrern führten die Babylonier keine fremden Siedler in ihre judäische Provinz, so daß die eine oder andere dörfliche Gemeinschaft dort intakt blieb.

Den zweiten und wichtigeren Grund für das Leben und Überleben der jüdischen Gemeinde legte die prophetische Verkündigung. Der Kampf der Propheten war entschieden. Es hatten jene Recht behalten, die immer wieder gepredigt hatten, man dürfe Jahwes Geduld nicht mißbrauchen. Inmitten einer Welt vergehender Kleinstaaten waren auch Israel und Juda diesem Schicksal nicht entgangen, als sich das Machtvakuum im syrisch-palästinischen Raum füllte und die kurze

Blütezeit der Monarchien Episode wurde. Was war hier anders als in Mitanni, Urartu oder Elam? Ich denke – um es zu wiederholen – es war die spezifisch prophetische Deutung der Geschichte.

Weil manche Propheten eine Besserung der Menschen und der Verhältnisse – vor allem auch und gerade der Monarchie – in ihrer Zeit nicht mehr für realisierbar gehalten und die Katharsis des Untergangs, des totalen staatlichen Untergangs gefordert hatten, blieb auf einer nichtstaatlichen Ebene die Chance zum Überleben, der auch zahllose Rückschläge nichts anhaben konnten.

Wichtig wurde, daß einige Propheten eine Erklärung für die Demütigung durch die Fremdherrschaft fanden und letztlich sogar den Untergang verständlich machten. Für Micha war die Fehlentwicklung in der Sozialordnung nach menschlichem Ermessen nicht mehr aufzuhalten; der Prophet vertraute daher allein noch auf ein Eingreifen Gottes. Erst nach der Vernichtung von Stadt und Stadtstaat Jerusalem mitsamt den Beamten und ihren angemaßten Rechten wäre die Einrichtung einer neuen Gesellschaftsordnung möglich, die Micha durch eine neue Vermessung und Verteilung von Grund und Boden ausmalte. Dann könnte die ursprüngliche kleinbäuerliche Ordnung wieder in Kraft treten, an deren einstige Funktionsfähigkeit – ohne König und Beamte – man sich noch erinnerte.

Bei Jesaja war es ähnlich. Da er die Wurzel des sozialen Übels in der faktisch unbeschränkten Macht der Großgrundbesitzer über die Masse des Volkes sah, konnten für ihn nur die Assyrer eine Lösung bringen, indem sie die in Juda Herrschenden enteigneten und verschleppten. Die Babylonier realisierten dies schließlich.

Jeremias Hoffnung richtete sich nicht auf die Wiederherstellung des Königreichs Juda, das wegen seiner Sünden vernichtet worden war. Seine Gedanken gingen in eine andere Richtung. Nicht die Verheißungen, so predigte er immer und immer wieder, seien falsch gewesen, sondern das Volk habe nicht geglaubt und nicht im Glauben gelebt und gehandelt. Solche Propheten – und nur ihre Schriften und Äußerungen sind auf uns gekommen – zerstörten schonungslos alle Hoffnungen und verstanden das Unglück als Signal Gottes.

Jeremia und Ezechiel versicherten ihren Zeitgenossen, daß Jahwe auch ohne Tempel und ohne Kult bei ihnen sein könnte, wenn sie dies nur wollten. Ihre Botschaft war ein Aufruf an jeden einzelnen, was die Bildung einer neuen Gemeinschaft im Exil und in nachexilischer Zeit erleichterte. Sie gründete auf persönlicher Entscheidung und konnte so den Zusammenbruch der alten staatlichen Ordnung überleben.

Historiker haben sich seit langem daran gewöhnt, mit der Exilszeit den Übergang zum Judentum festzulegen, jener neuen Religion, mit der sich Vorstellungen von Selbstabkapselung und Verabsolutierung des göttlichen Gesetzes verbinden, wie sie die vorexilische Zeit nicht kannte. Diese Verabsolutierung erklärt sich soziologisch, weil im Exil die Notwendigkeit bestand, Verhaltensregeln aufzustellen, wenn die Juden als Volk inmitten einer fremden Umwelt ihre Identität erhalten wollten.

Dabei war die Diskrepanz zwischen religiös-politischem Anspruch und realpolitischer Ohnmacht gewaltig. Doch gerade in dieser Zeit und in diesen Kreisen erfuhr das Erlösungsbewußtsein jene Ausgestaltung, die nicht allein das babylonische Exil, sondern zahlreiche Jahrhunderte unerfüllter politischer Hoffnungen ertragen ließen. Nun erst, und nun erst recht, bekannten sich die Deportierten zu ihrem Gott als dem einzigen Gott und dem Schöpfer und Herrn der Welt. Nun setzten sie der Herausforderung durch jede politisch überlegene Macht die Antwort ihres Bekenntnisses entgegen.

Die theologische Elite der Deportierten brachte in der exilisch-nachexilischen Zeit die Lehre von der strikten Ausschließlichkeit ihres Gottes und der mit ihr korrespondierenden Erwählung der Juden hervor, die zur Abgrenzung gegenüber allem Fremdartigen führte. Das Eigenständige reduzierte sich unter den gegebenen politischen Umständen notwendigerweise auf die Religion, und diese selbst erlebte wesentliche Veränderungen. Viele Eigenheiten des Kultes wurden nun durch Abgrenzung stärker betont und erhielten dadurch ihre prägende Kraft: Dazu zählten der Sabbath, die Beschneidung oder Speise- und Reinheitsvorschriften.

Den Zusammenhalt förderten auch die Zusammenkünfte in den sich entwickelnden Synagogen – Zusammenkünfte, bei denen Erzählungen die Vergangenheit lebendig erhielten. Mündliche und schriftliche Überlieferungen wurden vermehrt gesammelt und niedergeschrieben. Wichtige Geschichtswerke, aber auch Gesetzeskodifikationen entstanden in der Folgezeit.

Jahrhundertelang hatten die Jerusalemer Könige für sich beansprucht, die einzigen legitimen Monarchen zu sein – in Abgrenzung zu denjenigen Israels. Im Exil trat Jahwe in ihre Position, als die davidische Dynastie abgewirtschaftet hatte. Die bis dahin eher politisch als kultisch verstandene Erwählung des Volkes reduzierte sich auf das Kultische. Das Ende aller politischen Hoffnungen bot die Möglichkeit einer neuen Anschauung vom Exodus, eines neuen Bundesbegriffs.

Das ruhmlose Ende der Monarchien, das einige zwar prophezeit, das die Mehrheit aber wohl doch nicht erwartet hatte, lenkte den Blick immer stärker auf die wenigen glanzvollen Anfangsjahre ihrer Existenz. Immer mehr rückten die zentralen Stationen der glorreichen Vergangenheit ins Zentrum: der Auszug aus Ägypten, die Eroberung Kanaans und die staatliche Macht und Größe unter der Doppelmonarchie.

Diese Vergangenheit speiste eine Endzeiterwartung und förderte den Glauben an sie. Amos hatte eine solche Erwartung bereits formuliert, als er davon sprach, Gott werde einst die jetzt noch „zerfallene Hütte Davids", das Königreich, in seiner alten Größe wieder aufrichten (Amos 9, 11). Die politische Macht war zwar dahin, aber es blieb die Hoffnung auf die Einlösung des einmal gegebenen Versprechens Gottes.

Diese aus der Geschichte gespeiste Hoffnung fand ihren Ausdruck in der politischen Terminologie jener Endzeiterwartung. In dieser immer ferner werdenden Zukunft werde Jahwe sein Volk rehabilitieren und die ‚gottlosen' Völker züchtigen, die bislang noch triumphierten. In dem Maße, in dem die Juden das tatsächliche Schicksal traf, verfiel der Realitätssinn, wuchs dagegen jene Hoffnung.

Die Rache an den Bedrückern der Juden, das Weltende, stellte man sich so blutig vor wie das Ende, das sie am eigenen Leibe erfahren hatten. Einmal, ein letztes Mal, werde Jahwe sich an ihren Feinden rächen und sie vernichten mit all jenen Grausamkeiten, die das bittere Ende der Monarchien begleitet hatten: Hunger, Pest, Erdbeben, Schwert, Feuer, Deportationen und Kriegsschrecken wurden zu apokalyptischen Symbolen, die mit der Ausbreitung des Christentums weite Teile der Menschheit beschäftigen sollten.

Doch noch war es nicht soweit!

Über die Lage im ehemaligen Juda nach der Zerstörung der Hauptstadt ist wenig Sicheres bekannt. Dörfliche Gemeinschaften lebten fort, während andere Gebiete jedermanns Zugriff offenstanden, der herrenlose Grundstücke und Häuser übernehmen wollte. Insgesamt waren die Lebensverhältnisse sicherlich schlecht und schwer, zumal die Babylonier Abgaben aus der Provinz zogen.

Ungleich besser war die Lage der Deportierten. Immerhin war vor allem die Oberschicht weggeführt worden, und wenn auch nicht alle eine Staatspension erhielten wie der König Jojachin, so konnten sie doch auf eine adäquate Behandlung hoffen. Auch der Herrscher Babylons versagte dem ehemaligen ‚Kollegen' den Respekt nicht und stattete ihn mit Mitteln für sich und seine Hofhaltung aus. Eine babylonische Hofliste führt Jojachin als „König des Landes Juda" auf und nennt Öllieferungen, die an ihn, fünf seiner Söhne und weitere Judäer ausgegeben wurden (TGI 78–79). Das gelegentlich arg theatralisch beschriebene babylonische Exil war keine oder wenn, dann eine äußerst milde Form der Gefangenschaft. Als symptomatisch mag man es ansehen, daß Jojachin 561, im 37. Jahr seiner Wegführung aus Jerusalem, die Freiheit erhielt, was auch größere Bewegungsfreiheit der Deportierten nach sich zog.

Grundsätzlich wurden sie wie die übrigen Bewohner des babylonischen Reiches behandelt. Dienstleistungen und Abgaben betrafen alle; ebenso existierte ein gewisses Maß an politischer Selbstverwaltung, die in diesem Fall den Ältesten übertragen wurde. Die Oberschicht, die auch in Jerusalem ihren Reichtum aus dem Handel gezogen hatte, konnte ihre Tätigkeit in Babylonien fortsetzen. Vor allem diese Etablierten dürften es gewesen sein, die später das gesicherte ‚Exil' der weitaus risikovolleren Rückkehr vorziehen sollten.

Hatte wie geschildert die prophetische Verkündigung des Untergangs Judas die Voraussetzung für das Fortbestehen des Jahwe-Kultes in Verbindung mit einer Neubesinnung geschaffen, so galt es, neue Verehrungsmöglichkeiten zu entwickeln, da der Tempel in Jerusalem zerstört und die Stadt selbst unerreichbar weit entfernt war. An Stelle des Tempels trat die religiöse Versammlungsstätte in der Art einer Schule, die Synagoge. Hier fand man sich am Sabbath zu Gebet, Gesang und Belehrung zusammen, was dem Thoralehrer gegenüber dem Priester stärkeres Gewicht verlieh.

Stand man politisch und wirtschaftlich mit allen Untertanen des babylonischen Königs auf einer Stufe, so bemühten sich die Juden verstärkt um eine religiöse und kulturelle Abgrenzung. Dazu diente die Beschneidung, die die Babylonier nicht praktizierten, sowie eine sorgsame Beachtung von Speise- und Reinheitsvorschriften. Die Juden glaubten, sich als Reine in einem unreinen Land zu befinden. Das halbe Jahrhundert der Exilszeit hat genügt, derartige Vorstellungen so zu verfestigen, daß man solche Denkmuster auch nach der Rückkehr in das ‚zugelobte Land' nicht ablegte. Die Juden entdeckten die eigene Fremdheit als Unterscheidungsmerkmal und malten zugleich jene Erzählungen immer weiter aus, die sie schon immer als Fremde – sei es in Ägypten, sei es in Kanaan – charakterisiert hatten. In dieser Fremde schweißte der gemeinsame Glaube zusammen und gab Halt – Halt, den man auch in einem immer stärker werdenden Bedürfnis nach Regelungen, nach einem Gesetz fand.

11. Der Neuanfang in Jerusalem

559 hatte in Pasargadai Kyros (559–529) die Nachfolge seines Vaters als Vasallenfürst der Mederkönige angetreten. 550 beseitigte er die Vorherrschaft der Meder und führte den Stamm der Perser, dem er zugehörte, an die Spitze des Riesenreiches. Daß die Griechen die Begriffe ‚Perser' und ‚Meder' gleichbedeutend verwendeten, zeigt, wie sehr die alte Adelsschicht der Meder an der Macht Anteil hatte und von Kyros in das neue Staatsgebilde integriert worden war.

Wie in nahezu allen vorderorientalischen Reichen ist bei den Persern eine Respektierung sämtlicher Götter zu beobachten, die auch den Juden zustatten kam; sie hatten ohnehin stets ihre kultischen Bräuche beibehalten. 538 durften sie nicht nur aus dem babylonischen Exil nach Palästina zurückkehren, wenn sie dies wollten, sondern auch im Prinzip mit dem Neuaufbau eines Tempels für ihren Gott beginnen.

Als neue Dynastie beschritten die Perser auch neue Wege, um ihre Herrschaft zu stabilisieren. Dazu gehörte es, Deportierte in ihre ehemaligen Gebiete zurückzusenden, um damit ganze Bevölkerungsgruppen an die neuen Herrscher zu binden (TUAT 1, 4, 407–410): „Ich Kyros, der König des Weltreichs, der große und mächtige König, der König von Babel, der König von Sumer und Akkad … Über meine guten Taten freute sich (der Gott) Marduk, der große Herr … Die Götter von Sumer und Akkad, die Nabonid (Nebukadnezar) zum Zorn des Herrn der Götter nach Babel hineingebracht hatte, ließ ich auf Befehl (des Gottes) Marduk, des großen Herrn, im Wohlergehen in ihren Heiligtümern einen Wohnsitz der Herzensfreude beziehen. Alle Götter, die ich in ihre Städte hineingebracht hatte, mögen Tag für Tag vor (dem Gott) Bel und (dem Gott) Nabu Verlängerung meiner Lebenszeit befürworten, Worte zu meinen Gunsten äußern und zu meinem Herrn (dem Gott) Marduk sprechen: Für Kyros, den König, der dich verehrt …"

Diese Botschaft betraf auch den Gott der Juden Jahwe. Und da die Babylonier die Juden in größeren Blöcken angesiedelt hatten, ließ sich der Plan der Rücksiedlung in die Realität umsetzen. Daß diese Gruppierungen dann auch in ihrer alten Heimat die eigenen Kulte pflegen durften, war selbstverständlich und bedeutete für die Juden eben die Möglichkeit, einen neuen Tempel in Jerusalem zu errichten.

Den Text des entsprechenden Edikts des Kyros, programmatisch im ersten Jahr seiner Regierung verkündet, hat das Alte Testament bewahrt, wenngleich auch nur den Teil, der sich auf den Tempel bezog (Esra 6, 3–5): „Protokoll: Im ersten Jahr des Königs Kyros (gemeint ist das Jahr 539) ordnete der König Kyros an, daß der Tempel in Jerusalem gebaut werden solle an der Stätte, an der man Schlachtopfer zu schlachten und Feueropfer darzubringen pflegt, 60 Ellen hoch und 60 Ellen breit (je 30 Meter), drei Schichten behauene Steine und eine Schicht Holz (der Rest der Mauer sollte aus Lehm erbaut werden), und die Kosten sollen vom Königshaus bezahlt werden. Außerdem sollen die goldenen und silbernen Geräte des Tempels, die Nebukadnezar aus dem Tempel in Jerusalem weggenommen und nach Babylon gebracht hat, zurückgegeben werden, so daß alles in dem Tempel in Jerusalem an seinen Platz kommt und man es im Tempel niederlege."

537 machte sich wohl eine erste Karawane auf den Weg, weitere folgten. Doch blieben ebenso viele Menschen in Babylonien zurück, wie sich wieder in der Heimat ansiedeln wollten. Schließlich waren fast zwei Generationen vergangen, und was einen konkret in Judäa erwartete, wußte kaum jemand vorherzusagen. Über die Geschichte derer, die im Zweistromland blieben, ist nicht viel bekannt; sie soll hier nicht weiter verfolgt werden. Bei der Ankunft in Jerusalem führten persische Verwaltungsbeamte die Neubesiedlung des Landes durch. Die Provinz Judäa war Teil eines größeren Verwaltungsgebietes, der fünften persischen Satrapie ‚Syrien', die ihren Namen dem ehemaligen Assyrien verdankte, den die Perser auf das aus ihrer Sicht jenseits des Euphrat gelegene Gebiet übertrugen. Das Los entschied, welche 10 % aller Rückkehrer in Zukunft die Stadtbevölkerung, welche 90 % die Landbevölkerung ausmachen sollten. Die auf diese Weise künstlich ge-

schaffene Landbevölkerung versuchte, in die alten Höfe zurückzukehren, was erhebliche Probleme mit sich brachte, da dort inzwischen andere saßen. Es begann zunächst ein Krieg aller gegen alle. Zu den wirtschaftlichen Differenzen gesellten sich rasch religiöse, da sich die Gruppen gegenseitig der ‚Unreinheit', also des Abfalls vom wahren Jahwe-Glauben bezichtigten. An einen Tempelbau war in dieser Lage nicht zu denken.

Erst nach 20 Jahren, gegen 520, setzten sich die Heimkehrer in jeder Hinsicht durch. Die Lage der Zurückgekehrten war nach fast einer Generation gesichert, ein neuer Statthalter verbreitete die Euphorie eines Neubeginns. In dieser Situation traf der Prophet Haggai eine folgenschwere Entscheidung, als man in Jerusalem über Rein und Unrein diskutierte (2, 10–14): „Genauso steht es mit diesen Leuten und diesem Volk vor mir, spricht Jahwe, und mit ihrer Hände Arbeit. Und was sie dort (im Tempel als Opfer) darbringen, ist unrein." Gemeint waren alle diejenigen, die nicht aus dem Exil gekommen waren; sie waren damit vom Tempelbau ausgeschlossen. Das altbewährte Feindschema hatte eine neue Komponente erhalten: Die reinen Juden ragten nun als Fels aus der Brandung der Unreinheit.

515 konnte der neue Tempel endlich eingeweiht werden. Dabei stellte sich die Frage nach der Organisation des gesamten Kultbetriebs. Zu Zeiten der Monarchie war der König der Herr des Tempels gewesen, hatte der Hohepriester als Minister zu seinem Kabinett gehört, war vom König ernannt oder abgesetzt worden. Nun aber fehlte der Monarch, in dessen Rolle immer stärker Jahwe einrückte. So wurde der Hohepriester uneingeschränkter Herr des Tempels wie des Kultes gleichermaßen. Da die Gemeinschaft der Juden sich über die Gemeindezugehörigkeit definierte, wurde der Hohepriester das eigentliche Haupt dieser Gemeinschaft, vertrat sie vor Jahwe, wie er der Stellvertreter Gottes gegenüber dem Volk war. Es sollte nur eine Frage der Zeit sein, bis der Hohepriester über das Heiligtum hinaus auch politischen Einfluß anstrebte – zumal sich in der Antike Politik und Religion nie trennen ließen.

Die Euphorie über den wiedererstandenen Tempel konnte die Probleme der Gemeinschaft allenfalls für den Tag der Feier überdecken. Neben nach wie vor existierenden wirtschaftlichen Schwierigkeiten stellten sich vor allen Dingen die Folgen der einmal definierten ‚Reinheit' beziehungsweise ‚Unreinheit' als Belastung dar. So waren seinerzeit aus Babylon fast dreimal soviel Männer wie Frauen zurückgekehrt. Die Männer hatten, um dem Mangel an Frauen abzuhelfen, solche der einheimischen Bevölkerung, also Unreine, geheiratet. Auch dort gab es allerdings ein Verständnis von Unreinheit und Fremdheit: Man pochte auf das Bleiben im Lande und erklärte diejenigen für unrein, die aus der Fremde gekommen waren.

Eine endgültige Konsolidierung erreichte erst Nehemia, der nach der Mitte des 5. Jahrhunderts Statthalter in Jerusalem wurde. Der ehemalige Mundschenk des Perserkönigs hatte den Auftrag, Jerusalem zu einer Festung auszubauen, ein Plan, der sich in ein größeres Konzept von Maßnahmen einreihte, die im Zusammenhang mit einem Aufruhr gegen die Perser in Ägypten standen. So wurde in kurzer Zeit die Stadtmauer wieder errichtet, besser gesagt ausgebessert, denn wesentliche Teile hatten doch offenbar die letzten 120 Jahre überdauert. Nachdem dies vollendet war, konnte Nehemia auch an die Lösung anderer Aufgaben denken.

Ein schwierigeres Problem stellte die ökonomische Situation in der Region dar. Zunächst füllte Nehemia die Einwohnerschaft Jerusalems erneut auf, indem er 10 % der Landbevölkerung, durch Los ermittelt, in die Hauptstadt umsiedelte. Inzwischen hatte sich eine Agrarkrise entwickelt, die durchaus mit derjenigen zur Zeit Solons im Athen der ersten Hälfte des 6. Jahrhunderts vergleichbar ist. Die Auswirkungen der Schwierigkeiten beschreibt das Alte Testament (Nehemia 5, 1–5): „Es erhob sich aber ein großes Geschrei unter den armen Leuten und ihren Frauen gegen ihre jüdischen Brüder. Die einen sagten: Wir müssen unsere Söhne und Töchter verpfänden, damit wir uns Getreide verschaffen und unser Leben fristen können. Andere sagten: Wir müssen unsere Äcker, Weinberge und Häuser verpfänden, damit wir uns Getreide verschaffen in der Hungersnot. Wieder andere sprachen: Wir haben Geld leihen müssen auf unsere Äcker und Weinberge, damit wir dem König die Steuer zahlen können. Nun sind wir aber doch vom gleichen Fleisch und Blut wie unsere Brüder, und unsere Kinder sind wie ihre Kinder. Dennoch müssen wir unsere Söhne und Töchter dienstbar werden lassen, ja, von unseren Töchtern sind bereits etliche dienstbar gemacht, ohne daß wir etwas dagegen unternehmen können. Unsere Äcker und Weinberge gehören ja anderen Leuten."

Die Klagepunkte, die Nehemia vorgetragen wurden, lassen verschiedene Stufen eines Prozesses erkennen: erst die Verpfändung von Kindern, dann die Verpfändung von Land, schließlich der Verkauf der Bauern selbst in die Sklaverei. Der eben zitierte Text Nehemias geht auch auf die Hintergründe der Krise ein. Einmal wird eine handfeste Subsistenzkrise angedeutet; die Familienbetriebe erzeugten nicht mehr das zu ihrer Reproduktion Notwendige. Die Gründe hierfür werden nicht genannt, lassen sich aber durch einen Vergleich mit den griechischen Verhältnissen erschließen: Bevölkerungszuwachs unter den Bedingungen der Erbteilung ist für die Verschuldung der Bauern verantwortlich zu machen. Parallel dazu bestand ein wachsender Bedarf an Land bei den reichen Bauern, deren Güter ebenfalls der Erbteilung unterworfen waren, und die, den Verlust ihrer wirtschaftlichen Überlegenheit fürchtend, die Konsequenzen der Erbteilung dadurch auffingen, daß sie sich die Höfe verschuldeter kleinerer Bauern aneigneten. In Judäa kam hinzu, daß die staatlichen Ansprüche auf Entrichtung einer Grundsteuer entsprechend der Größe des Grundstücks die Familienbetriebe in eine Krise trieben.

Nehemia setzte einen Schuldenerlaß durch, der den Verzicht auf Rente aus gepfändeten Liegenschaften bedeutete. Die Versklavung von Juden wurde ausgeschlossen, allerdings blieb im Gegensatz zu Griechenland die personale Haftung für Schulden in Judäa erlaubt.

Schließlich ist noch Esra zu erwähnen, der wohl zu Beginn des 4. Jahrhunderts mit einer neuerlichen größeren Auswanderungswelle von etwa 6000 Menschen nach Jerusalem gekommen war. Er brachte nun die Thora mit, ein Gesetzeswerk, das vielleicht dem heute bekannten Pentateuch (den fünf Büchern Moses) entsprach. Auf der Grundlage dieses Gesetzes entschied Esra eines der schwierigsten Probleme seiner Zeit: die noch immer virulente Frage der Mischehen zwischen Reinen und Unreinen. Nach dem neuen Gesetz gab es nur eine Lösung: Scheidung der zwischen Juden und Nichtjuden geschlossenen Ehen. Das wesentliche Merkmal der Zugehörigkeit zum Judentum war die Unterwerfung unter das ‚Gesetz' als Willenskundgebung Jahwes.

Die Geschichte des persischen Reiches, seine Krisen und sein Übergang in dasjenige des Makedonenkönigs Alexander spielten für die Provinz Judäa keine Rolle. Es war für die Region und die dort lebenden Juden eine nach außen friedliche Zeit. Die Ansätze der jüdischen Religion konnten sich festigen und entwickeln. Man sammelte weiterhin die Traditionen der Vergangenheit, wahrscheinlich entstand in diesen Jahrzehnten das Geschichtswerk des Chronisten. Das Judentum konsolidierte sich in Judäa, aber auch in zwei Zentren der Diaspora: Babylonien und Ägypten.

12. Die Juden im Hellenismus

Mit der Regierungszeit des Makedonenkönigs Alexander des Großen (336–323) läßt man im allgemeinen jene Phase antiker Geschichte beginnen, die man Hellenismus nennt. Einflüsse des Vorderen Orients im östlichen Mittelmeerraum, durch die Griechen weiter nach Westen vermittelt, hatte es bereits seit langem gegeben. Auf der anderen Seite lassen sich griechische Einflüsse ebenfalls seit Jahrhunderten im Nahen Osten ausmachen. Was sich seit den Eroberungen Alexanders änderte, war die Intensität der jeweiligen Beeinflussung, die sprunghaft ansteigende Zahl der Kontakte zwischen Ost und West. Denn ‚Hellenismus' meint keineswegs eine Ausbreitung des Griechentums in den Osten allein, sondern eine ebenso starke ‚Orientalisierung' des Westens.

Was bedeutete dies alles für die kleine persische Provinz Judäa? Der schnelle Siegeszug Alexanders, der ihn zum Herrn des Vorderen Orients und eines bis nach Indien reichenden Territoriums machte, ließ den Makedonen für kurze Zeit ein Weltreich erobern, das mit seinem plötzlichen Tod 323 wieder zerfiel, kaum daß es entstanden war. Seine Nachfolger konnten und wollten es nicht erhalten, und so gingen aus heftigen Diadochenkämpfen, die ein halbes Jahrhundert dauerten, drei Reiche hervor, deren Existenz zwar nicht das Ende der Feindseligkeiten brachte, aber ein einigermaßen stabiles Kräftegefüge. Das Reich der Antigoniden in und um die makedonischen Kernlande ist für unsere Geschichte der Juden ohne Bedeutung. Anders sieht es dagegen mit demjenigen der Seleukiden, das Babylonien, Syrien und Kleinasien umfaßte, und dem der Ptolemäer aus; letztere kontrollierten Ägypten und Palästina.

Gerade die Zugehörigkeit Palästinas war dabei während der gesamten Phase der Diadochenkämpfe zwischen den Ptolemäern und den Seleukiden umstritten gewesen. Und auch während des 3. Jahrhunderts lassen sich Bemühungen der Seleukidenherrscher erkennen, in dieser Region Einfluß zu gewinnen. Während der ägyptischen Kontrolle wurden diejenigen Gebiete Palästinas, die nicht dem Pharao direkt unterstellt waren, von örtlichen Autoritäten verwaltet, die für das Steueraufkommen und die Bereitstellung von Soldaten zu sorgen hatten; zu ihnen gehörte auch die Region Judäa, die unter der Leitung des Hohenpriesters stand.

Von Spannungen blieb auch Judäa nicht verschont. Die steuerlichen Anforderungen der Ptolemäer, die von dem Hohenpriester und der Oberschicht auf die wirtschaftlich schwächeren Gruppen der Bevölkerung abgewälzt wurden, schürten dort Unzufriedenheit. Diese schlug sich einerseits in Aversionen gegen die politischen Führer nieder und ließ andererseits die Hoffnung auf eine Besserung der Lage im Falle eines Wechsels unter die Herrschaft der Seleukiden aufkeimen, wobei manche gar das Ende aller Zeiten herbeisehnten. Zu diesen Gegensätzen, wie sie sich so oder ähnlich in zahlreichen Gemeinwesen jener Zeit aufzeigen lassen, kamen spezifisch jüdische. Während ein Teil der Oberschicht an dem von Nehemia und Esra eingeschlagenen Kurs der strikten Trennung von den Unreinen festhielt, suchten andere Kontakt zu den politisch und wirtschaftlich führenden hellenistischen Gruppierungen der Nachbarschaft.

Die Konflikte brachen aus, als in der zweiten Hälfte des 3. Jahrhunderts die Kämpfe zwischen Seleukiden und Ptolemäern um die Region wieder aufflammten. Da die Seleukiden zunächst beachtliche Erfolge erzielten, setzte der Hohepriester Onias II. um 250 auf ihre Dynastie, was bedeutete, daß er die Zahlungen an Ägypten einstellte. Angesichts der Spannungen innerhalb der Oberschicht Jerusalems war klar, daß sich eine nahezu ebenso starke Gruppierung dem widersetzte, zumal die Ptolemäer in Ägypten keineswegs bereit waren, kampflos auf Judäa zu verzichten und mit dem Entzug der Autonomie für den Tempelstaat drohten. Anführer dieser Gruppierung war ein gewisser Joseph aus der angesehenen, aber nichtjüdischen Familie der Tobiaden. Die Auseinandersetzung in Judäa endete mit einem Kompromiß. Joseph brachte die Verständigung mit den Ptolemäern zustande und erhielt dafür die politische Leitung des Staates sowie die Aufsicht über die Steuerverwaltung; Onias blieb Hoherpriester. War damit zwar für den Augenblick eine Lösung gefunden, so verknüpften sich in der nächsten Zeit die religiösen Differenzen innerhalb des Judentums mit dem politischen Dissenz zwischen einer ptolemäer- und einer seleukidenfreundlichen Partei zu einer explosiven Mischung.

Hinzu kam, daß einige Erscheinungsformen der jüdischen Religion den Boden für Spannungen mit der Mitwelt bereiteten. In Judäa, vor allem aber in der Diaspora in Ägypten war man auf das Zusammenleben mit der hellenistisch geprägten Umgebung angewiesen. In Judäa galt dies vor allem für die Vertreter der Staatsregierung, die die Integration in die hellenistische Zivilisation suchten. Diese Assimilation rief den Widerstand traditionsbewußter Kreise hervor, die jeglichen Kompromiß in dieser Hinsicht rigoros ablehnten.

Eine solche Haltung stieß wiederum bei vielen Nachbarn auf Unverständnis. Dazu trug nicht zuletzt auch das Selbstverständnis der jüdischen Auserwähltheit bei, das, wie manchen Erzählungen des Alten Testaments zu entnehmen ist, recht seltsame Blüten trieb.

Die Geschichte von der Flucht einer Gruppe von Nomaden aus Ägypten Jahrhunderte vor der Regierungszeit Davids war schon lange zu einem großartigen Sieg über die Truppen des Pharao, allgemeiner formuliert, zu einem Erfolg über Ägypten ausgemalt worden. Doch dabei blieb die jüdische Tradition nicht stehen. Immer großartiger gestaltete sich dieser angebliche militärische Sieg, und entsprechend die Schilderung der desolaten Lage Ägyptens.

Während Herodot Ägypten als „Geschenk des Nil" gepriesen hatte, verwandelte sich der Strom in den jüdischen Erzählungen vom Exodus in eine ungenießbare und unfruchtbare Brühe, die zudem von Legionen von Fröschen wimmelte; Ägypten als Land der Mücken-, Bremsen- und Heuschreckenplage, die Ägypter als pestverseuchtes Volk, von aufbrechenden Geschwulstbeulen gezeichnet. Dieses Bild, aus einigen der zehn Plagen zusammengefaßt, verbanden die Juden mit jenen Siegesmeldungen, die in dem Refrain gipfelten (Exodus 15, 21): „Singet dem Herrn, denn hocherhaben ist er, Pferd und Reiter warf er ins Meer."

Solange die Juden dies in einer Sprache tradierten, die nicht sonderlich verbreitet war, mag zwar manche Geschichtsklitterung bekannt geworden sein, aber dies blieb ohne Auswirkung. Erst nach Entstehung der Septuaginta am Anfang des 3. Jahrhunderts, der griechischen Übertragung des Alten Testaments, änderte sich die Lage schlagartig. Die Gelehrten, die den Text in die neue Sprache übertragen hatten, hatten sich zwar bemüht, manche Härten für griechische Augen und Ohren zu glätten, aber die zahllosen Ausfälle gegen die Ägypter waren nicht unter den Tisch zu kehren. Und in Ägypten verstand man in zunehmendem Maße die griechische Sprache. Zur Verbreitung der Erzählung trug auch jener nicht näher bekannte jüdische Dramatiker Ezechiel bei, der im 2. Jahrhundert die Flucht aus Ägypten in Form einer griechischen Tragödie gestaltete, für uns heute das größte erhaltene Stück dieses Genres nach Euripides.

So überrascht es eigentlich nicht, wenn die Ägypter mit gleicher Münze heimzahlten. Nicht die Juden seien aus Ägypten geflohen, sondern die Ägypter hätten die Juden vertrieben, weil diese für die Ausbreitung einer ansteckenden Seuche verantwortlich gewesen seien. Das Wort für den jüdischen ‚Sabbath' ähnelte dem ägyptischen *sabbatosis*, der Bezeichnung für einen Tumor in der Leistengegend. Auf den Wanderungen hätten die Juden diesen Tumor zusammengedrückt, der sie dennoch an jedem siebten Tag zur Ruhe gezwungen hätte, weshalb die Juden eben den Sabbath als Ruhetag feierten.

Ägypter sind Schurken, Kreter Lügner, Boiotier Säufer, Abderitaner Narren, Syrer geborene Sklaven und so fort. Die Liste derartiger Charakterisierungen aus der antiken Literatur ist lang. Hier reihen sich die jüdischen Topoi über die Ägypter wie diejenigen anderer Völker über die Juden nahtlos aneinander. Aber der jüdische Absolutheitsanspruch, das auserwählte Volk schlechthin zu sein, und die entsprechende Diskriminierung der übrigen war bis dato in der Antike unbekannt. Nun setzte eine Entwicklung jüdischer Religion und Kultur ein, die einerseits starke Ressentiments anderer Völker gegenüber den Juden begünstigte, andererseits aber die Bewahrung kultureller und religiöser Identität des jüdischen Volkes sicherte, und zwar noch in den grauenvollsten Phasen seiner Geschichte. Die strengen Glaubensgesetze der Juden veranlaßten sie, sich entschieden von ihrer ‚unreinen' Umwelt abzugrenzen; diese deutete ihrerseits eine solche Haltung als Intoleranz und Arroganz.

Der Machtkampf zwischen Seleukiden und Ptolemäern um Palästina setzte sich fort und wurde 198 entschieden, als der seleukidische König Antiochos III. (223–187) die Region in seine Gewalt brachte. In Judäa triumphierte die seleukidenfreundliche Partei, die den Herrschaftswechsel emphatisch begrüßte. Der augenblickliche Gewinn für Jerusalem war beachtlich. Antiochos sagte Geldmittel zur Beseitigung der Kriegsschäden zu, ferner Unterstützung für den Ausbau des Tempelbezirks und für den Kult, indem er erhebliche Mittel für Opfertiere, Wein, Öl, Mehl und Weihrauch zur Verfügung stellte. Die Einwohner der Stadt erhielten eine Steuerbefreiung für drei Jahre, für die Zeit danach wurde der ehemalige Betrag der Ptolemäer um ein Drittel gesenkt; die Maßnahme erfolgte mit der ausdrücklichen Begründung, auf diese Weise die Einwohnerzahl zu erhöhen. Für seinen Herrschaftsbereich ordnete der König an, sämtliche versklavten Juden freizulassen. Dem religiösen Selbstbewußtsein trug Antiochos durch zwei Erlasse Rechnung. Der erste verbot Nichtjuden bei Todesstrafe, den Tempelhof zu betreten, der zweite die Einfuhr unreiner Tiere und deren Produkte nach Jerusalem (Flavius Josephus, Jüdische Altertümer 12, 145): „Jedem Fremden ist es untersagt, die Umwallung des Heiligtums zu überschreiten, die (zu überschreiten) den Juden verboten ist, mit Ausnahme derer, die dies nach vollzogener Reinigung dürfen gemäß dem väterlichen Gesetz. Und niemand soll in die Stadt das Fleisch von Pferden, von Maultieren, wilden und zahmen Eseln, von Leoparden, Füchsen und Hasen sowie überhaupt von allen den Juden verbotenen Tieren bringen."

Derartige Bestimmungen brachten auch wirtschaftliche Vorteile mit sich, die zwar beachtlich waren, aber lediglich eine kleine Schicht begünstigten, die ohnehin bislang privilegiert gewesen war. Als sich die soziale Lage des Großteils der städtischen und ländlichen Bevölkerung nicht änderte, steigerte dies die Aversionen gegen die Besitzenden. Der jüdisch-hellenistische Autor Ben Sira beschrieb die Rolle der Bauern und Handwerker (38, 32): „Ohne sie wird keine Stadt besiedelt, und wo sie sich niederlassen, hungern sie nicht. Aber zur Volksversammlung werden sie nicht zugezogen, in der Gemeinde ragen sie nicht hervor. Sie sitzen auf keinem Richterstuhl und kennen sich nicht aus in Recht und Gesetz." Da die Oberschicht mit den Seleukiden zusammenarbeitete, traf auch jene der Haß, der sich ohnehin stets rasch gegen Fremde richtete.

Erneut kam es zu bürgerkriegsähnlichen Auseinandersetzungen in Jerusalem, die durch den Regierungswechsel auf dem Seleukidenthron einen weiteren Schub erhielten. Zwei Anwärter auf die Stelle des Hohenpriesters buhlten bei Antiochos IV. (175–164) um dessen Gunst: Auf der einen Seite stand der Hohepriester Onias III., auf der anderen sein Bruder Jason, der bereit war, sich seine Ernennung erhebliche Summen kosten zu lassen. Er versprach eine Erhöhung der jährlichen Abgaben sowie weitreichende Veränderungen in der städtischen Struktur Jerusalems. Mit ihm setzten sich zugleich jene durch, die für die Offenheit des Judentums gegenüber den Errungenschaften des Hellenismus plädierten. Jason hatte Erfolg und nutzte als neuer Hoherpriester (175–172) die Gunst der Stunde, um Maßnahmen durchzusetzen, die das Erscheinungsbild Jerusalems radikal veränderten. Es sollte eine hellenistische Stadt werden, die nach ihrem königlichen Gönner den Namen Antiochia erhielt; die Zustimmung des Seleukidenherrschers auch zu diesem Schritt war selbstverständlich. Die nunmehr griechische Polis erhielt ein städtisches Territorium in ihrer Umgebung, für das Teile der Landbevölkerung enteignet wurden.

Auf diesem einmal beschrittenen Weg ging es weiter. Die bisherige Versammlung der Ältesten wandelte man in einen

Stadtrat um, wie ihn die griechischen Gemeinwesen besaßen. Gleichzeitig legte Jason als Hoherpriester eine Liste der Stadtbürger fest, bei der offenbar politisch mißliebige Personen nicht berücksichtigt und damit vom Bürgerrecht ausgeschlossen waren. Die Thora als Verfassungsgrundlage war damit aufgehoben. Es gab in der jüdischen Oberschicht Zustimmung zu dieser hellenistischen Reform; Jason ‚erkaufte' sich von ihr das Amt des Hohenpriesters, als er sich deren Wünsche zu eigen machte. Auch in Judäa war der Einfluß des Hellenismus längst wirksam geworden, hatten griechische Sprache und Bildung Eingang gefunden. Die daran interessierten Gruppen schufen sich nun mit einer hellenistischen Stadtverfassung und einem Gymnasium die adäquaten Repräsentationsformen. Als Angehörige einer ‚griechischen' Stadt war es ihnen möglich, eine Einladung zu ‚panhellenischen' Spielen wie denjenigen im phönikischen Tyros zu erhalten. Aus den Kreisen, die daran interessiert waren, stammte wohl auch jene gelehrte Erfindung, die eine ‚Verwandtschaft' zwischen Juden und Spartanern konstruierte, was seit der Mitte des 3. Jahrhunderts zu gelegentlichen Kontakten geführt hatte.

Der Widerstand gegen diese nur von einer Minderheit getragenen Politik gärte, die Reformen gerieten rasch in den Strudel innerer Machtkämpfe und fielen dem Vergessen anheim. In diesem Fall entsprang die Gegnerschaft jedoch weniger religiösen Überzeugungen, die man allerdings nie völlig ausschließen sollte, sondern eher dem Streit um den wirtschaftlich hochinteressanten Bereich der Tempeleinnahmen.

Die Priester erhielten als ständige Abgabe die sogenannten ‚Erstlinge' der Bodenfrüchte – Getreide, Wein, Feigen, Honig, Oliven, Granatäpfel – und das ‚Beste' der Feldfrüchte; dies dürfte etwa 2 % der Ernte ausgemacht haben. Hinzu kam jede männliche Erstgeburt, die in Geld abgelöst wurde. Die Priester erhielten weiterhin einen Teil der bei der Schafschur gewonnenen Wolle, einen Anteil vom Brotteig – von Privatpersonen wie von Bäckern –, Anteile von profanen Schlachttieren, während ihnen die Sühne- und Schuldopfer ganz gehörten. Die Schaubrote standen ihnen zu, der größte Teil der Getreideopfer und von den Brandopfern die Felle. Die Naturalien konnten verkauft werden; hinzu kam, daß die Priester Befreiung von einigen wichtigen Steuern erhalten hatten. Bei dem Kampf um Macht und Einfluß im Schatten des Tempels darf dieser wirtschaftliche Aspekt nicht außer Betracht bleiben.

Die innerjüdischen Auseinandersetzungen veranlaßten Antiochos im Jahre 172, Jason abzusetzen; an seine Stelle trat der Hohepriester Menelaos, der eine drastische Erhöhung der Abgaben als Preis für seine Ernennung durch den Seleukidenkönig bezahlte.

Jason wartete auf die Gelegenheit zur Rache; sie fand sich, als Antiochos 169 bei der Rückkehr von einem Feldzug gegen Ägypten in Jerusalem Station machte und dabei zur Aufbesserung seiner angegriffenen Finanzen den Tempelschatz beschlagnahmte. Jasons Angriff richtete sich allerdings nicht gegen den König, sondern gegen dessen Helfershelfer in Jerusalem.

Antiochos unterdrückte den Aufstand blutig und ließ die Stadt nach Kriegsrecht hart bestrafen; in Jerusalem wurde eine Militärkolonie eingerichtet, ein oft geübtes Verfahren orientalischer Großreiche, rebellische Gebiete zu befrieden. Inspiriert vor allem durch den Hohenpriester Menelaos (172–162), der längst alle Brücken zu seinen ehemaligen Anhängern und der jüdischen Bevölkerung abgebrochen hatte, wollte der ohnehin wankelmütige Antiochos den Unruhefaktor in Judäa, dessen Ursprung er sicherlich nicht zu Unrecht in der Religion sah, auf seine Weise und für alle Zeit beseitigen. Er wandelte den Jerusalemer Tempel in eine Kultstätte des mit dem olympischen Zeus gleichgesetzten Himmelsbaal um. Wer in Zukunft den Sabbath beachtete, fastete, die jüdischen Feste beging, die Beschneidung durchführte oder auch nur Thorarollen besaß, dem drohte die Todesstrafe. Überall im Land wurden Altäre errichtet, an denen die Juden gezwungen wurden zu opfern. Es war ein Angriff auf den jüdischen Glauben, wie es ihn bis dahin nicht gegeben hatte. Allerdings zeigte sich rasch, daß Antiochos damit den Bogen überspannt hatte.

13. Die Makkabäer

Der Aufstand gegen die Maßnahmen des Antiochos nahm seinen Ausgang in Modeï, als der Priester Mattathias sich weigerte, das Opfer für den Himmelsbaal durchzuführen; der generelle Opferzwang war von dem Hohenpriester Menelaos und dem Seleukiden zugleich erlassen worden. Mattathias entstammte der Sippe der Hasmonäer, deren Name gelegentlich auch auf das im folgenden behandelte Herrschergeschlecht übertragen wird. Er gehörte zu jenen Priesterfamilien, die durch den Umsturz des Menelaos ihre religiöse und materielle Lebensgrundlage eingebüßt hatten. Rasch scharte sich eine Gruppe von Widerstandskämpfern um Mattathias und seine Söhne, denen sich vor allem die Chasidim, die sogenannten ‚Frommen', anschlossen, extreme Verteidiger der Thora; aus ihnen gingen später die Pharisäer hervor. In dem Kampf um die religiöse Freiheit, wie sie sie verstanden, bildeten diese Chasidim das Rückgrat.

Zu ihnen gesellten sich Bauern, Händler und Handwerker, die vom Heiligtum gelebt hatten. Aber auch Juden, die versuchten, die selbstgewählte Isolation ihres Volkes aufzubrechen, schlossen sich dem Aufstand an. Zu ihnen gehörte der jüdische Historiker Eupolemos. Er behauptete, Mose habe den Juden Schrift und Wissenschaft vermittelt und sie selbst damit zu Lehrmeistern der Phöniker und Griechen gemacht. Eupolemos konnte solche Bestrebungen, Judentum und Hellenismus miteinander zu versöhnen, durchaus mit seinem jüdischen Glauben vereinbaren. Er wurde ein prominenter Anhänger des Judas Makkabäus, in dessen Auftrag er 161 eine jüdische Gesandtschaft nach Rom leitete.

Nach dem Tod des Mattathias übernahm einer seiner Söhne, eben jener Judas, der aufgrund seiner militärischen Erfolge den Beinamen Makkabäus, der ‚Hammer', erhielt, die Führung der Gruppe. Er sei „ähnlich einem Löwen in seinen Taten (gewesen) und wie ein junger Löwe, der sich brüllend auf seine Beute stürzt", schreibt der Verfasser des ersten Makkabäerbuches über ihn (3, 4) und charakterisiert ihn mit einem in der ganzen Antike beliebten Bild, das ähnlich bereits Jesaja verwendet hatte (S. 55). Nach diesem Judas Makkabäus sind die Makkabäerkriege sowie deren Darstellung, die Makkabäerbücher, benannt. Überraschend sind die Anfangserfolge der judäischen Truppen. Ihre erste Ausrüstung bestand aus Steinen, Schleudern und Speeren, dann verwendeten sie diejenigen Waffen, die sie von den Gegnern erbeuteten. Militärische Erfahrung brachten jene Soldaten mit, die als Söldner in seleukidischen Diensten gestanden hatten. Ein fähiger, charismatischer Anführer und religiöse Hingabe seiner Anhängerschaft auf der einen sowie politische, organisatorische und persönliche Mängel auf der gegnerischen Seite vermögen den Erfolg der Juden zu erklären.

Als militärische Aktionen der Seleukiden aufgrund der Guerillataktik des Judas Makkabäus erfolglos blieben, bemühte sich Antiochos IV. um ein Ende der Feindseligkeiten, die auch desaströse finanzielle Folgen für den Herrscher hatten. „Auch kamen nur noch wenig Steuern aus dem Land ein wegen des Streits“, bemerkt der Verfasser des ersten Makkabäerbuches (3, 29). An einem Frieden war auch dem Hohenpriester Menelaos gelegen. Er suchte den König im südlichen Mesopotamien auf, um die Rücknahme des Religionsverbots zu erwirken. Antiochos vollzog die neuerliche politische und kultische Kehrtwendung des Hohenpriesters mit. In einem Schreiben, das an den Stadtrat von Jerusalem gerichtet war, widerrief der König das Verbot der jüdischen Religion und gewährte den Aufständischen Amnestie, wenn sie aufgäben und die Waffen niederlegten. Antiochos war aber nicht bereit, irgendwelche Zusagen hinsichtlich des Heiligtums zu machen, und er hielt an der Person des Menelaos fest. Mit der Herrschaft dieses „Verräters an den Gesetzen und an seinem Vaterland“ wollten sich die Aufständischen aber nicht abfinden (2. Makkabäer 5, 15).

Der Tod Antiochos' IV. ermöglichte einen Kurswechsel, den ein Schreiben seines Sohnes, Antiochos' V. (164–162), dokumentiert (2. Makkabäer 11, 22–25): „Nachdem unser Vater sich zu den Göttern begeben hat, haben wir in dem Wunsch, daß die Menschen im Königreich sich ohne Beunruhigung ihren eigenen Angelegenheiten widmen können, sowie auf die Nachricht hin, daß die Juden der von unserem Vater verfügten Umstellung auf die griechische Lebensweise nicht zustimmen, sondern ihre eigenen Lebensformen vorziehen und verlangen, daß ihnen das Herkömmliche zugestanden werde, außerdem von dem Wunsch bestimmt, daß auch dieses Volk ohne Beunruhigung leben soll, verfügt, daß ihnen das Heiligtum wiederhergestellt werde und sie ihr Leben entsprechend den zur Zeit ihrer Vorväter bestehenden Sitten gestalten."

Es ist allerdings in solchen Situationen immer schwierig, die Waffen und die einmal errungene Macht abzugeben; Judas bildete hierin keine Ausnahme. Ein neues Ziel war rasch gefunden: die politische Freiheit sowie Rache für das den Juden zugefügte Unrecht. Außerdem trug er den Aufstand in die Nachbargebiete Judäas, wo gleichfalls Juden lebten, die sich ihm anschlossen. Manch einer gab damals seinen Besitz auf, um im ‚zugelobten Land' zu siedeln. Dort brauchten sie aber eine neue Existenzgrundlage: Land, Vieh und – zur Überwindung der Anfangsschwierigkeiten – Abgabenfreiheit. Judas konnte es zur Verfügung stellen, indem er die seleukidischen Militärkolonisten vertrieb und jene enteignete, die aus seiner Sicht von der Religion der Väter abgefallen waren. Dieser Gruppierung blieb somit gar nichts anderes übrig, als alles auf eine Karte zu setzen und den Aufstand weiterzutragen.

Judas griff Jerusalem selbst an, wo noch immer eine seleukidische Besatzung lag; die Anwesenheit des „Sündervolkes" (1. Makkabäer 13, 21) war auch den Chasidim ein Dorn im Auge, so daß sie ebenfalls zu den Waffen griffen. Als es Judas gelang, das Heiligtum in Jerusalem zu erobern und neu zu weihen, war er zu einer eigenständigen politischen Größe geworden. Dem seleukidischen Hof war klar, daß mit der bisherigen Beschwichtigungspolitik kein Frieden zu erreichen war; man beschloß, den Aufstand militärisch niederzuschlagen. Im Sommer 163 wurde Judas in der Schlacht bei Beth-Sacharja geschlagen. Die seleukidischen Truppen hatten bereits den Tempelberg eingeschlossen, als ihr Befehlshaber aufgrund von Hofintrigen veranlaßt wurde, rasch zu einem Frieden zu kommen. Er schloß ihn mit den Chasidim unter folgenden Bedingungen: Der schwer belastete Hohepriester Menelaos wurde hingerichtet. Die Seleukiden restaurierten das jüdische Heiligtum einschließlich der alten Privilegien, schleiften die Befestigungen des Tempelbergs, ließen aber eine Besatzung in der Stadt.

Damit war die Phase der Religionskriege beendet. Der Widerruf des Religionsedikts war für die Seleukiden kein Problem. Es hatte den Versuch dargestellt, in der Region Ruhe herzustellen. Als dies scheiterte, gab der seleukidische König das Vorhaben auf. Dies war möglich, weil es sich um eine politische Maßnahme gehandelt hatte, keineswegs um die Auswirkung eines fanatischen Glaubenseifers; ihn sucht man bei den Seleukiden vergebens.

Die Kämpfe, die nun entbrannten, waren wechselvoll und zogen sich über mehrere Jahre hin. Judas Makkabäus fiel 160 in einer Schlacht. Schließlich erkannten die Seleukiden den letzten der Söhne des Mattathias, Simon, 142 als selbständigen Herrscher von Jerusalem an. Ein Jahr später erreichte er die Räumung der Stadt von der seleukidischen Besatzung. In einem Akt, der nach dem Vorbild des davidischen Herrschaftsantritts ausgestaltet war, übertrug die Bevölkerung Simon die Würden des Hohenpriesters, das Amt des Heerführers sowie des politischen Leiters.

Wie lange sich diese Selbständigkeit halten ließ, hing von der politischen Gesamtlage ab. Der dritte Sohn Simons, Johannes Hyrkanos (135–105), mußte sich bald nach seinem Regierungsantritt wieder den Seleukiden unterstellen. Ab 129 gewann er jedoch seine Unabhängigkeit Schritt für Schritt zurück und ging in den folgenden Jahrzehnten daran, das judäische Staatsgebiet zu vergrößern. Hilfreich war, daß er alte Freundschaftsverträge mit den Römern erneuerte. Im Süden wurde Idumäa dem Staat einverleibt, im Norden die Gegend um Samaria. Hier war eine eigenständige Judengemeinde entstanden. Sie mußte nun erfahren, daß es aus Jerusalemer Sicht nur einen jüdischen Glauben gab. Wie zu Seiten Josias (S. 73) zerstörte Johannes Hyrkanos den samaritanischen Tempel auf dem Garizim.

Doch der Glaubenseifer der Makkabäer traf nicht allein die jüdische Konkurrenz. Die unglückselige Episode des Hohenpriesters Menelaos hatte durch ihre sonderbaren ‚Reformbestrebungen' den Unterschied zwischen den Juden und den übrigen Völkern auf den Gegensatz ‚Judentum' und ‚Hellenismus' zugespitzt. Seit der Hinrichtung des Menelaos und den Erfolgen der Makkabäer rächten diese die erlittene Ungerechtigkeit durch Angriffe auf den ‚Hellenismus' und Verfolgung seiner Vertreter. Die Juden beseitigten, was sie in ihrer Umgebung an Hellenistischem antrafen. Johannes Hyrkanos vernichtete ganze Stadtgemeinden und ließ deren Bevölkerung durch Zwangsbeschneidung judaisieren.

Unter seinen Nachfolgern konnte der Herrschaftsbereich immer weiter ausgedehnt werden. Aristobulos I. (104) eroberte Galiläa, Alexander Jannäus (103–76) führte den Staat in jahrzehntelangen Kämpfen gegen Ptolemäer, Seleukiden und Nabatäer zu seiner größten Ausdehnung. Ihm gelang es beinahe, den Umfang des einstigen salomonischen Reiches wiederherzustellen, indem er unter anderem auf das Ostjordangebiet übergriff; er war es auch, der offiziell den Königstitel annahm. Alexander ließ in Fortführung der Maßnahmen des Johannes Hyrkanos den Besiegten nur die Wahl zwischen Tod und Beschneidung. Im Überschwang momentaner militärischer Erfolge versuchten die Makkabäer, alle zu einem Volk zu machen.

Die Reaktion der hellenistischen Öffentlichkeit auf derartige Aktionen und Vorstellungen ließ nicht auf sich warten. In jenen Jahren dürfte unter anderem das Greuelmärchen entstanden sein, daß der Seleukidenherrscher Antiochos IV. im Tempel von Jerusalem einen griechischen Gefangenen angetroffen habe; der Grieche sei dort einem jüdischen Gesetz entsprechend für eine alljährlich wiederkehrende Opfermahlzeit gemästet worden. Bei diesem Festschmaus hätten die Juden den heiligen Eid geleistet, allen Hellenen Feind zu sein. Der

Strom von Pauschalurteilen aller Art über die Juden war fortan nicht mehr einzudämmen.

Die militärischen Eroberungen brachten nicht nur beachtliche Landgewinne, sondern eröffneten dem judäischen König auch neue wirtschaftliche Ressourcen. Diese nutzte er vor allem für eine Hofhaltung, die sich hinsichtlich der Prachtentfaltung an salomonischen Vorbildern orientierte. Wie so häufig profitierten nur der Hof und eine kleine Oberschicht in der Hauptstadt von den neuen Möglichkeiten. Die Unzufriedenheit wuchs parallel zur höfischen Prachtentfaltung, ihre Träger waren die Pharisäer, die einen mehrjährigen Aufstand gegen Alexander leiteten. Das Scheitern dieser Bemühungen zeichnet Flavius Josephus in einem kontrastreichen Bild. Die Kreuzigung von mehreren hundert Aufständischen sowie das Abschlachten ihrer Frauen und Kinder wird als Schauspiel inszeniert, dem der König beiwohnt, während er mit einer Gruppe von Kurtisanen tafelt (Jüdische Altertümer 13, 14, 2). Es gab in Judäa inzwischen längst politische Gruppierungen, die jeden fremden Oberherrn eher anzuerkennen bereit waren als diesen Hohenpriester.

Nach Alexander regierte seine Witwe Alexandra Salome ein Jahrzehnt lang (76–67). Die Rolle des Hohenpriesters übte ihr ältester Sohn Hyrkanos II. aus. Nach ihrem Tod entbrannte in Jerusalem ein Kampf um den Thron zwischen diesem Hohenpriester und seinem Bruder Aristobulos II., der letzten Endes Judäa 40 Jahre lang in Atem halten sollte.

Die Entscheidung in dieser Auseinandersetzung macht es notwendig, mit einem kurzen Blick die weltpolitische Gesamtlage ins Auge zu fassen. Die führenden Großmächte der Region, die Ptolemäer und Seleukiden, waren längst durch eine westliche Macht abgelöst worden: die Römer. Sie bestimmten die Politik des gesamten Mittelmeergebietes, sei es durch militärische Eroberungen, sei es durch Diplomatie. Die griechischen Staaten, große wie kleine, waren daran gewöhnt, interne und zwischenstaatliche Streitigkeiten durch die Römer entscheiden zu lassen. In Judäa war dies nicht anders. Bis zur Regierungszeit des Alexander Jannäus war es den Makkabäern gelungen, freundschaftliche Beziehungen zu den Römern zu unterhalten. Erst dessen Außenpolitik fand dann keine Billigung Roms mehr, was dazu führte, daß ein judäisch-römisches Bündnis nicht mehr erneuert wurde.

Im Jahre 63 traten in Damaskus drei Gruppierungen vor den damaligen Herrn des Ostens, Pompeius, und baten um eine Entscheidung. Neben den Vertretern der beiden um die Macht streitenden Königssöhne erschienen Abgesandte der Bevölkerung mit einem eigenen Konzept. Sie trugen vor, der Königsherrschaft insgesamt überdrüssig zu sein, und plädierten für eine Trennung von weltlicher und geistlicher Macht. Es sollte nach ihrer Vorstellung wieder einen Hohenpriester geben, der sich ausschließlich um den kultischen Bereich kümmerte; die politische Herrschaft sollte dagegen an die Römer gehen.

Diesem Vorschlag schloß sich der Hohepriester Hyrkanos II. (63–40) an und übergab Jerusalem, soweit es in seiner Kontrolle lag, an Pompeius. Aristobulos verschanzte sich auf dem Tempelberg, mußte aber nach drei Monaten kapitulieren. Nach einem knappen Jahrhundert war die Phase judäischer Eigenstaatlichkeit beendet. Die Zeit der Selbständigkeit hatte für die jüdische Religion verheerende Folgen. Das Amt des Hohenpriesters war teilweise mit politischen Funktionen versehen gewesen, welche die religiösen völlig in den Hintergrund gedrängt hatten. Dies wiederum hatte unterschiedliche religiöse Richtungen auf den Plan gerufen, die jede für sich beanspruchte, den wahren Weg der Jahwe-Verehrung zu kennen. Aufgrund dessen gab es längst kein gemeinsames politisches jüdisches Handeln mehr, sondern immer wieder neu entfachte Diskussionen um den wahren Glauben, die nicht selten in blutige Bürgerkriege mündeten.

14. Die Römer und die Zerstörung des Tempels

Im Jahre 64 hatte Pompeius die Unabhängigkeit Judäas beendet. Hyrkanos II. war von ihm zwar als Hoherpriester eingesetzt worden, hatte aber seinen Königstitel eingebüßt. Den judäischen Staat reduzierte Pompeius erheblich, indem er zahlreichen griechischen Städten vor allem an der Mittelmeerküste die Freiheit schenkte. Er ließ die meisten Festungen zerstören, verbot deren Wiederaufbau und erlaubte nur bestimmte Waffen. Treffend beschrieb der Autor des ersten Makkabäerbuches die damalige politische Realität (8, 13): „Wem die Römer helfen und zur Königsherrschaft verhelfen wollten, war König; wen sie (absetzen) wollten, den setzten sie ab."

Diese Kontrolle betraf nun auch Judäa, aber die Region blieb zunächst unter relativ lockerer Aufsicht durch die Römer, da andere Gebiete wie Kilikien, Syrien oder Ägypten ihnen wichtiger waren. Dies zeigte sich beispielsweise im Umgang mit dem Gegenspieler des Hyrkanos – Aristobulos sowie dessen Söhnen Alexander und Antigonos. Pompeius ließ sie als Gefangene nach Rom bringen; dort war ihr Aufenthalt allerdings nur von kurzer Dauer. Sie entflohen – sicherlich nicht ohne Hilfe von Römern, die sich davon einen Vorteil versprachen – und versuchten in Judäa wiederholt, die Herrschaft mit Waffengewalt an sich zu bringen, was stets nur für kurze Zeit gelang, einzelne Teile des Landes aber immer wieder in Bürgerkriegsunruhen stürzte.

Neben dem Hohenpriester Hyrkanos fiel seinem Vertrauten Antipater eine Schlüsselrolle zu. Er war kein Jude, sondern stammte aus Idumäa, einer Landschaft südlich von Judäa; diese Region hatte sein Vater im Auftrag des Alexander Jannäus verwaltet und hier den Grundstein für die spätere Macht der Familie gelegt. Als Günstling des Pompeius erlangte Antipater auch das Vertrauen Caesars, als dieser 48 zum Herrn des Orients geworden war. Antipater war daran beteiligt, Caesar aus den militärischen Schwierigkeiten zu befreien, in die dieser sich in Ägypten manövriert hatte.

Caesar seinerseits versuchte, die Lage in Palästina zu beruhigen, indem er Antipater gleichsam als Statthalter über Judäa einsetzte. Der Römer reduzierte das Steueraufkommen für die Juden und gab ihnen eigene Gerichte, die für alle Vergehen zuständig waren, wenn sie sich nicht gegen die römische Oberherrschaft richteten. Juden wurden nicht länger zum römischen Militärdienst ausgehoben, und die römischen Truppen zog Caesar aus Judäa ab. Dies alles signalisierte ein deutliches Entgegenkommen.

Caesars Ermordung an den Iden des März 44 destabilisierte auch den griechischen Osten und zog dort eine Reihe von Veränderungen nach sich. Antipater fand 43 den Tod, seine Söhne Phasael und Herodes erlangten aber die Anerkennung des Marc Anton, der bei der ‚Reichsteilung' mit Octavian den reichen Osten für sich beansprucht hatte.

Nachdem die Diadochenstaaten (S. 92) der römischen Expansion zum Opfer gefallen waren, beeinflußte ein neuer Großmächtekonflikt die Länder des Vorderen Orients: Es waren die Parther, deren Westexpansion sie immer wieder in Kriegshandlungen mit den Römern verwickelte. Von 40 bis 37 kontrollierten sie den syrisch-palästinischen Raum und griffen in die Verhältnisse Judäas ein. Der Hohepriester Hyrkanos wurde nach Babylon deportiert. Phasael beging Selbstmord, und Herodes entkam nach Rom, wo er zum König ernannt wurde; es sollte allerdings einige Zeit dauern, bis er Jerusalem mit römischer Hilfe zurückerobern konnte. Für drei Jahre residierte dort Antigonos, der Sohn des Aristobulos, als Strohmann der Parther. Die von Herodes zusammengebrachten Truppen und die römischen Legionen benötigten fünf Monate, um auch die letzte Bastion des Antigonos, Jerusalem selbst, in die Hand zu bekommen. Die alte Bergfeste Davids stellte noch immer für jeden Angreifer ein militärisches Problem dar. Als Schutz gegen die ständigen Unruhen im Lande erbaute Herodes in Jerusalem zu Beginn seiner Regierung eine Festung, die er zu Ehren seines Schutzherrn ‚Antonia' nannte. Mit Antigonos wurde der letzte Nachkomme der Makkabäer hingerichtet. In seiner Münzprägung hatte er an Mattathias erinnert, der längst seinen festen Platz in der Heldengalerie der Juden besaß.

Mit seinem Einzug in Jerusalem begann Herodes eine zweite, neue Zählung seiner Regierungszeit. Diese spricht aufgrund ihrer langen Dauer von 37 bis 4 v. Chr. für eine gewisse Stabilität in der Region. Dennoch kam das Land nicht zur Ruhe. Die nichtjüdische Herkunft des Herodes wurde ebenso zum Problem wie die Tatsache, daß er, der von seinem Vater das römische Bürgerrecht geerbt hatte, ein Herrscher von römischen Gnaden war. Als Herodes durch Verschwägerung mit der Familie der Makkabäer sein Ansehen verbessern wollte, geriet dies zur Quelle ständiger Familienstreitigkeiten, die zu zahlreichen Hinrichtungen führten und sein Bild bei den Zeitgenossen und der Nachwelt weiter verdüsterten. Die Aufzählung der von ihm Getöteten würde den Rahmen dieser Darstellung sprengen. Sein Ruf als Massenmörder wurde für alle Zeiten durch die biblische Geschichte vom Kindermord in Bethlehem besiegelt.

Zu den Toten der Anfangsjahre zählte der achtzigjährige Hohepriester Hyrkanos, der aus seinem babylonischen Exil nach Jerusalem zurückgekehrt war. Sein ehemaliges Amt, sein Name und seine Herkunft waren für den Emporkömmling Herodes eine zu große Bedrohung, auch wenn Hyrkanos nur als Aushängeschild diente, ohne selbst etwas gegen den König zu unternehmen. Die Kluft zwischen dem Herrscher und der Bevölkerung sowie der jüdischen Oberschicht verbreiterte sich zusehends.

Außenpolitisch waren Herodes die Hände gebunden; hier bestimmte einzig und allein Rom. Zu Lebzeiten des Marc Anton hatte Herodes mit der Konkurrenz der Kleopatra zu rechnen, die mit Hilfe ihres römischen Geliebten alles daran setzte, ihren Traum von einem erneuerten Großreich Alexanders in die Tat umzusetzen. Im Jahre 36 erhielt Kleopatra die Herrschaft über eine Reihe von Territorien, zu denen die wirtschaftlich interessanten Distrikte um Jericho herum gehörten. Die Gegend war aufgrund der Dattelpalmen-Haine und der dort gezüchteten Balsam-Sträucher die reichste Judäas. Die

Das Herrschaftsgebiet des Herodes

Regelung sah vor, daß Herodes die Kleopatra unterstellten Gebiete politisch und wirtschaftlich kontrollierte und der ägyptischen Königin eine jährliche Pacht zahlte, wobei für ihn selbst sicherlich genug übrigblieb. Nachdem er dann den Machtwechsel von Marc Anton zu Octavian – dem späteren

Augustus – überstanden hatte, erhielt er von dem Römer die erwähnten Ländereien zurück.

War Herodes auch eine eigenständige Außenpolitik verwehrt, so hatte er doch im Innern freie Hand. Er entfaltete eine rege Bautätigkeit, die seinem Land den Anschluß an die hellenistische Kultur eröffnen sollte. Im griechischen Osten gehörte er zudem zu jenen, die den römischen Kaiserkult besonders eifrig pflegten.

Das Reich des Herodes hatte in etwa den Umfang des davidischen Territoriums, und auch die Nachfolgefrage spielte sich in davidischen Dimensionen ab. Aus insgesamt zehn Ehen stammten zahlreiche Nachkommen, die in immer wieder neuen Gruppierungen und Haremsfaktionen um die Anerkennung des Königs buhlten; ihre Hoffnungen beendete Herodes nahezu ausnahmslos durch Hinrichtungen. Er hätte allerdings seine Nachfolge nicht ohne die Römer entscheiden können. Mit dem Tod des Herodes endete die Herrschaft eines hellenistischen Königs. Wie es eines solchen Monarchen würdig war, wurde er in seiner Stadt, in Herodium, südlich von Jerusalem, bestattet.

Herrschaft und Reich des Herodes teilten die Römer unter seinen Söhnen auf. Archelaus regierte Judäa und Samaria, bis ihn Augustus im Jahre 6 n. Chr. absetzte und das Gebiet einem römischen Präfekten unterstellte, der in Caesarea residierte. Philippus verwaltete Batanäa bis 37 n. Chr., als er kinderlos starb. Herodes Antipas, der Herodes der Passionsgeschichten, kontrollierte Galiläa und Peräa, wo er sich bis 40 n. Chr. halten konnte, ehe er bei dem römischen Kaiser Caligula (37–41) in Ungnade fiel. Ein letztes Mal versuchten die Römer es mit einer jüdischen Regierung, als Agrippa, ein Enkel des Herodes, 37 n. Chr. von Caligula das Gebiet des Philippus mitsamt dem Königstitel erhielt. 40 n. Chr. fügte Caligula das Gebiet des Herodes Antipas hinzu, im nächsten Jahr Judäa und Samaria. Auf diese Weise verwaltete Agrippa bis zu seinem Tod 44 n. Chr. nochmals für kurze Zeit das gesamte frühere Reich des Herodes. Anschließend wurde Palästina in das System römischer Provinzen eingegliedert.

Seit dem Tod des Herodes war das Land nicht mehr zur Ruhe gekommen. Unterschiedliche religiöse Bewegungen standen für mitunter nahezu konträre Anschauungen und Interessen. Die Sadduzäer, nach einem Priester Davids benannt, bildeten eine kleine, exklusive Schicht, die den Pentateuch, wie sie ihn interpretierten, als „Grundgesetz" restaurieren wollten. Die Pharisäer, die ‚Abgesonderten', vertraten eine religiöse und politische Erneuerung, die sich ebenfalls auf das alttestamentliche Gesetz stützte, das sie allerdings im Gegensatz zu den Sadduzäern zu aktualisieren bereit waren. Die Essener, was wohl die ‚Reinen' bedeutet, bildeten einen Männerbund, dessen Ziele Bedürfnislosigkeit, Frömmigkeit und vor allem Reinheit waren, weshalb sie sich von dem korrupten Staat und seinem weltlichen Herrscher absonderten; bekannt geworden ist vor allem eine ihrer Gruppierungen in Qumran. In der Ruinenstätte wurde der bedeutendste hebräisch-aramäische Textfund gemacht, die auf Papyrusrollen bewahrte Bibliothek einer Essener-Gemeinde. Die Zeloten, die ‚Eiferer', verbanden religiösen mit politischem Fanatismus und kämpften für das Ziel, die Gottesherrschaft auf Erden herbeizuführen; sie vor allem trugen den Aufstand gegen Rom, der 66 n. Chr. begann. Schließlich sind die Sikarier zu erwähnen, so genannt wegen eines kurzen Dolches, den sie im Gewand trugen; ihr Terror richtete sich gegen Juden und Nichtjuden gleichermaßen.

Immer wieder waren es auch Einzelpersonen, die die Aufmerksamkeit der Zeitgenossen auf sich lenkten: Jesus, der auftrat, um das Volk Jahwes zu reformieren und hingerichtet wurde; Eleazar, der einen Raubzug der Juden gegen die Samaritaner durchführte und in Rom zum Tode verurteilt wurde; Rabbi Hillel, der eine Politik des Stillehaltens lebte und predigte, und dessen Werk lange nach seinem Tod und der Zerstörung des Tempels das Überleben des Judentums mit ermöglichte.

Zum politischen Klima trugen ferner Aktionen der Römer bei, die – beabsichtigt oder fahrlässig – die Spannungen erhöhten und Abneigungen vertieften, die ohnehin schon gegen die Fremdherrschaft bestanden. Hierher gehört die Überführung von Legionsadlern – Standarten mit kultischer Bedeutung für die Römer – nach Jerusalem durch Pontius Pilatus. In ihrer Wirkung brisanter war die Weisung des Kaisers Caligula, sein Bild, als dasjenige eines Gottes, im Tempel aufstellen zu lassen; lediglich sein Tod 41 n. Chr. verhinderte einen Aufstand. Die obszöne Geste eines römischen Soldaten während des Passahfestes 49 n. Chr., der den Gläubigen sein entblößtes Hinterteil zeigte, löste einen Aufruhr auf, der 10 000 Menschen das Leben gekostet haben soll (Flavius Josephus, Geschichte des jüdischen Krieges 2, 12). Die kritische Masse war längst erreicht, es war nurmehr eine Frage der Zeit, wann sie in Judäa zur Entladung kommen würde.

Im Jahre 66 n. Chr. besetzten einige Zeloten die Festung Masada, die sie acht Jahre lang verteidigen sollten. Im gleichen Jahr setzte sich in der Umgebung des Tempels die Ansicht durch, man dürfe keine Opfer mehr von Fremden und für Fremde annehmen, was die Einstellung des Kaiserkultes bedeutete. Dies führte in der Hauptstadt zu einem Bürgerkrieg mit den Pharisäern, die bereit waren, sich römischen Vorstellungen anzupassen. Als es den Zeloten aus Masada gelang, in Jerusalem einzudringen, war die Sache der Pharisäer verloren.

In Windeseile geriet nun die ganze Region in Unruhe, sei es, daß sich jüdische Gruppierungen gegen Römer oder Griechen auflehnten, sei es, daß griechische Gruppen in mehreren Städten Massaker an der jüdischen Bevölkerung verübten. Als der römische Statthalter von Syrien die Situation klären wollte, erlitten die Römer eine verheerende Niederlage und büßten eine Legion ein.

Nachfolger des glücklosen Statthalters wurde 67 n. Chr. Vespasian, dem ein Heer von 60 000 Mann zur Verfügung stand. Im Zentrum des Kampfes stand in diesem Jahr Galiläa, das von dem jüdischen Befehlshaber Josephus verteidigt wurde. Als mit Jotapata die wichtigste Festigung fiel, geriet Josephus in römische Gefangenschaft. Im Angesicht des römischen Erfolges übertrug er jüdische messianische Vorstellungen auf den Sieger und prophezeite Vespasian die Herrschaft;

dies brachte Josephus Freiheit und römisches Bürgerrecht ein. Als Flavius Josephus wurde er der Geschichtsschreiber des ‚Jüdischen Krieges'.

Im Laufe des folgenden Jahres eroberte Vespasian nahezu das gesamte aufständische Territorium mit Ausnahme einiger stark befestigter Orte, zu denen auch Jerusalem gehörte. Der Tod des Kaisers Nero (54–68) und die im Westen ausgebrochenen Kämpfe um die Nachfolge ließen die Ereignisse in Judäa für einige Zeit in den Hintergrund treten. Erst als die Heere des Ostens Vespasian zum Kaiser proklamiert und er diesen Anspruch auch im übrigen römischen Reich durchgesetzt hatte, stand die ‚jüdische Angelegenheit' wieder auf der Tagesordnung.

Es war Vespasians Sohn Titus, der zu Beginn des Jahres 70 n. Chr. die Kriegführung der Römer übernahm. Mit beinahe doppelt so vielen Truppen, wie seinem Vater zur Verfügung gestanden hatten, schloß Titus am 15. April des Jahres die Hauptstadt ein. Bald fiel die äußere Mauer. Dennoch sollte es noch fast fünf Monate dauern, bis Titus die Stadt vollständig kontrollieren konnte. Während in Jerusalem Hunger und Seuchen herrschten, kämpften die dort lebenden Juden gleichsam an mehreren Fronten. Jüdische Gruppierungen fochten gegen jüdische Gruppierungen, verbündeten sich dann gegen die Römer, um sich anschließend wieder mit gleichem Fanatismus dem Bruderkampf zu widmen. Im August wurde der Tempel eingenommen, geplündert und zerstört; Stadtteil für Stadtteil mußten die Römer erobern. Geschichte schien sich zu wiederholen. Wie hatte Jeremia mehr als ein halbes Jahrtausend zuvor bei der Zerstörung Jerusalems geklagt: „Und es liegen die Leichen der Menschen wie Mist auf dem Feld." (S. 79) Das Ende Jerusalems im Jahre 70 n. Chr. beschrieb später Cassius Dio (65, 6, 3): „Da gingen sie freiwillig in den Tod, die einen stürzten sich in die Schwerter der Römer, andere erschlugen sich gegenseitig, wiederum andere begingen Selbstmord; die übrigen sprangen in die Flammen. Und es erschien jedem ... nicht Untergang, sondern Sieg, Rettung und Glück zu bedeuten, gemeinsam mit dem Tempel unterzugehen."

Am 3. September zog Titus in die Stadt ein. Offiziell war mit der Einnahme Jerusalems der jüdische Krieg beendet. Titus kehrte nach Rom zurück und feierte dort im Jahre 71 n. Chr. zusammen mit seinem Vater einen Triumph, bei dem die Taten der Römer herausgestrichen und die Beute aus Jerusalem präsentiert wurden. Noch Jahre später hielten römische Münzprägungen die ‚Eroberung Judäas' (*Iudaea capta*) im öffentlichen Bewußtsein wach.

Doch sollten nochmals vier Jahre vergehen, bis die letzten jüdischen Widerstandsnester erobert waren. Ins Gedächtnis der Nachwelt hat sich vor allem der Kampf um Masada eingeprägt, von dem der Aufstand ausgegangen war und das sich am längsten hatte halten können. Beeindruckend wie die heutigen Reste des 400 Meter über dem Toten Meer aufragenden Tafelberges ist die Beschreibung, die Flavius Josephus von den letzten Tagen der Verteidiger gibt. Die Belagerer mußten den Berg einschließen und eine gewaltige Rampe anlegen, ehe die Erstürmung der von knapp tausend Mann gehaltenen Festung beginnen konnte. Als die Römer am nächsten Tag das Plateau erreichten, fanden sie brennende Gebäude und Tote vor. In der Nacht zuvor hatten die Verteidiger angesichts der Ausweglosigkeit ihrer Lage Selbstmord begangen.

Geschichte schien sich zu wiederholen, und in einem Punkt tat sie es wirklich: Auch nach dieser Zerstörung des Tempels fanden sich Kräfte für einen Neubeginn.

Zeittafel

1300–1150	Seevölkereinfälle im östlichen Mittelmeergebiet, Ansiedlung der Philister und der Hebräer
1213–1203	Merenptah Pharao
ab 1100	Hegemonie der Philister in Palästina – Fünfstädtebund
Ende 11. Jhdt.	Erfolg des Barak über die Philister, Gegenschlag der Philister, Niederlage Sauls
um 990–965	David König von Juda
	David König von Israel
969–936	Hiram von Tyros
um 965–932	Salomo König von Juda und Israel
935–915	Schoschenk I. Pharao
932–916	Rehabeam von Juda
932–911	Jerobeam I. von Israel
926	Feldzug des Pharao Schoschenk nach Palästina
916–914	Abia von Juda
914–874	Asa von Juda
911–910	Nadab von Israel
910–887	Baësa von Israel
887–886	Ela von Israel
886	Simri von Israel
886–871	Omri von Israel
871–853	Ahab von Israel
874–850	Josaphat von Juda
859–824	Salmanassar III. von Assur
853–852	Ahasja von Israel
852–841	Joram von Israel
843–841	Ahasja von Juda
841–815	Jehu von Israel
842–837	Athalja Regentin von Juda
um 841–800	Hasael von Damaskus
837–797	Joas von Juda
815–799	Joahas von Israel
809–782	Adadnirari III. von Assur
800	Adadnirari unterwirft Damaskus
799–784	Joas von Israel
797–769	Amazja von Juda
784–753	Jerobeam II. von Israel
769–741	Asarja von Juda
752–742	Menachem von Israel
745–727	Tiglatpilesar III. von Assur
741–730	Pekach von Israel
734–715	Ahas von Juda

733	Juda unterwirft sich Assur
730–722	Hosea von Israel
727–722	Salmanassar V. von Assur
722–705	Sargon II. von Assur
721	Eroberung und Zerstörung von Samaria, Ende des Staates Israel
715–697	Hiskia von Juda
705–681	Sanherib von Assur
701	Aufstand Hiskias gegen Assur
697–642	Manasse von Juda
664	Eroberung des ägyptischen Theben durch Assur
640–609	Josia von Juda
612	Fall Ninives, Beginn der Reformen in Jerusalem
610–595	Necho II. Pharao
609–598	Jojakim von Juda
604–562	Nebukadnezar II. von Babylon
598–597	Jojachin von Juda
597	Jerusalem fällt, erste Deportationen
597–587	Zedekia von Juda
587	Eroberung von Jerusalem, Zerstörung des Tempels, Ende des Staates Juda
561	Jojachin von Juda wird begnadigt
555–538	Nabonid von Babylon
559–529	Kyros II. Perserkönig
550	Kyros II. unterwirft Medien
539	Kyros II. erobert Babylon
537	Rückkehr der ersten Exilierten
520	Baubeginn des zweiten Tempels
515	Einweihung des Tempels
um 450	Nehemia Statthalter von Judäa
um 400	Wirken Esras
336–323	Alexander der Große Makedonenkönig
333	Schlacht bei Issos
322–301	Diadochenkämpfe
301–198	Palästina unter der Kontrolle der Ptolemäer
um 250	Onias II. Hoherpriester
223–187	Antiochos III. Seleukidenkönig
202	Sieg der Römer über Hannibal
198	Judäa unter Kontrolle der Seleukiden
bis 175	Onias III. Hoherpriester
175–164	Antiochos IV. Seleukidenkönig
175–172	Jason Hoherpriester
172–162	Menelaos Hoherpriester
169	Plünderung Jerusalems durch Antiochos IV., Beginn des Makkabäeraufstands

168	Sieg der Römer über Makedonien
164–162	Antiochos V. Seleukidenkönig
163	Niederlage des Judas Makkabäus bei Beth-Sacharja
160	Tod des Judas Makkabäus
142–135	Simon von den Seleukiden als ‚Herr' Judäas anerkannt
135–105	Johannes Hyrkanos
146	Karthago zerstört
104	Aristobulos I.
103–76	Alexander Jannäus König von Judäa
76–67	Alexandra Salome Regentin von Judäa
64	Ende des Seleukidenreiches, Syrien wird römische Provinz, Ende der Selbständigkeit Judäas
63	Pompeius in Jerusalem
63–40	Hyrkanos II. Hoherpriester
49	Pompeius in Ägypten ermordet
44	Ermordung Caesars
40–37	Parther kontrollieren Judäa, Antigonos König und Hoherpriester
37–4	Herodes König von Judäa
31	Sieg Octavians bei Aktium über Marc Anton und Kleopatra
30	Selbstmord Marc Antons und Kleopatras
27 v.–14 n. Chr.	Augustus römischer Kaiser
4 v.–6 n. Chr.	Archelaus verwaltet Judäa und Samaria
4 v.–37 n. Chr.	Philippus verwaltet Batanäa
4 v.–40 n. Chr.	Herodes Antipas verwaltet Galiläa und Peräa
37–41 n. Chr.	Caligula römischer Kaiser
54–68 n. Chr.	Nero römischer Kaiser
66 n. Chr.	Beginn des jüdischen Aufstands
70 n. Chr.	Eroberung Jerusalems und Zerstörung des Tempels

Kommentierte Bibliographie

Eine kurze Zusammenfassung der derzeitigen Methodendiskussion bietet Joachim Schaper, Auf der Suche nach dem Alten Israel? Text, Artefakt und „Geschichte Israels" in der alttestamentlichen Wissenschaft vor dem Hintergrund der Methodendiskussion in den historischen Kulturwissenschaften, Zeitschrift für die Alttestamentliche Wissenschaft 118, 2006, 1–21; 181–196. Eine ausführliche Darstellung der unterschiedlichen Forschungsansätze hat Manfred Clauss, Geschichte des Alten Israel (Oldenbourg Grundriß der Geschichte 37), München 2008. Neben dem chronologischen Teil finden sich ausführliche Abschnitte zu Königtum, Heerwesen, Wirtschaft, Gesellschaft, Recht und Religion, die in dem vorliegenden knappen Abriß notwendigerweise zu kurz kommen. Das Werk bietet ferner einen umfangreichen, nach chronologischen und inhaltlichen Kriterien unterteilten Literaturüberblick.

Eine hervorragende Darstellung der Geschichte des gesamten Vorderen Orients, einschließlich derjenigen der Hebräer, liegt jetzt in englischer Sprache vor: Amélie Kuhrt, The ancient near east c. 3000–330 BC, 2 Bände, London 1995 (Paperback 1997).

Als Einführung in Geographie und Klima des syrisch-palästinischen Raumes verweise ich auf Wolfgang Zwickel, Einführung in die biblische Landes- und Altertumskunde, Darmstadt 2002.

Eine anschauliche Einführung in nomadische Lebens- und Denkstrukturen zu den Bereichen Familie, Ehe und Sexualität bietet Raphael Patai, Sitte und Sippe in Bibel und Orient, Frankfurt am Main 1962.

Zu den lebhaft diskutierten Themen der hebräischen Geschichte gehört die komplizierte Entwicklung der religiösen Strömungen zur Zeit der beiden Monarchien, für die zwei ausgezeichnete Untersuchungen zur Verfügung stehen: Rainer Albertz, Religionsgeschichte Israels in alttestamentlicher Zeit, 2 Bände, Göttingen 1992, integriert die Sozialgeschichte in seine Darstellung der Entwicklung der Religionsgeschichte und beschreibt das Wechselverhältnis zwischen beiden. Manfred Weippert, Jahwe und die anderen Götter. Studien zur Religionsgeschichte des antiken Israel in ihrem syrisch-palästinensischen Kontext, Tübingen 1997, macht deutlich, daß der in den alttestamentlichen Texten vertretene Monotheismus erst ein Produkt des nachexilischen, vielleicht persischen oder gar erst hellenistischen Judentums war. Bei den Vertretern solcher Anschauungen handelte es sich um eine kleine Gruppe, die vor der Exilszeit im Widerspruch zur herrschenden polytheistischen Praxis stand, wie sie vor allem meist die Könige repräsentierten; erst nachdem diese Minderheit sich durchgesetzt hatte, schrieb sie die Texte und damit die Geschichte um.

Eine Fülle von Spuren ägyptisch-hebräischer Beziehungen in biblischen und ägyptischen Texten und eine entsprechende Verflochtenheit der beiden Regionen hat Manfred Görg, Die Beziehungen zwischen dem alten Israel und Ägypten. Von den Anfängen bis zum Exil, Darmstadt 1997, aufgedeckt.

Die Bedeutung der Inschrift aus Tell Dan mit der Erwähnung hebt Walter Dietrich, Der Name David und seine inschriftliche Bezeugung, in: Ders., Von David zu den Deuteronomisten. Studien zu den Geschichtsüberlieferungen des Alten Testaments, Stuttgart 2002, 74–87, hervor.

Eine Geschichte Jerusalems mit der Diskussion der Problematik der frühen Entwicklung der Stadt liegt von Eckart Otto, Das antike Jerusalem. Archäologie und Geschichte, München 2008, in der Reihe ‚C.H.Beck Wissen' vor.

Die Rolle der Propheten und ihre Kritik an den gesellschaftlichen Veränderungen ist oft behandelt worden: Klaus Koch, Die Profeten, 2 Bände, Stuttgart; 1. Band ^{3}1995, 2. Band ^{2}1988. – Joseph Blenkinsopp, Geschichte der Prophetie in Israel. Von den Anfängen bis zum hellenistischen Zeitalter, Berlin – Köln 1998.

Eine glänzende Analyse der innerjüdischen und jüdisch-seleukidischen Auseinandersetzungen der Makkäberzeit hat Klaus Bringmann, Hellenistische Reform und Religionsverfolgung in Judäa. Eine Untersuchung zur jüdisch-hellenistischen Geschichte (175–163 v. Chr.), Göttingen 1983, vorgelegt. Die wichtige Phase der Herrschaft des Herodes behandelt Linda-Marie Günther, Herodes der Große, Darmstadt 2005. Klaus Bringmann, Geschichte der Juden im Altertum. Vom babylonischen Exil bis zur arabischen Eroberung, Stuttgart 2005, schildert ausführlich die Zeitspanne von der Gründung des zweiten Tempels 587 über dessen neuerliche Zerstörung 70 n. Chr. bis zum Jahre 640 n. Chr.

Verzeichnis der Abbildungen

Mit freundlicher Genehmigung der Verlage entnehme ich die Abbildungen den nachstehenden Werken:

Abb. 4 dem ‚Biblisch-Historischen Handwörterbuch' (Vandenhoek & Ruprecht, Göttingen und Zürich 1962–1979, S. 809). – Abb. 6, 7 und 8 aus ‚Orte und Landschaften der Bibel', hrsg. von O. Keel/M. Küchler, Bd. 2 (Vandenhoek & Ruprecht, Göttingen und Zürich 1982, S. 896, 897 und 898).

Register

Die kursiv gesetzten Zahlen bei geographischen Begriffen verweisen auf Karten.

Alte Geschichte bei C. H. Beck
Eine Auswahl

Manfred Clauss (Hrsg.)
Die römischen Kaiser

55 historische Portraits von Caesar bis Justinian
3. Auflage. 2005
501 Seiten mit 55 Abbildungen und 2 Karten. Broschiert

Leonhard Burckhardt
Jürgen von Ungern-Sternberg (Hrsg.)
Große Prozesse im antiken Athen

2000. 301 Seiten mit 9 Abbildungen. Leinen

Karl-Joachim Hölkeskamp
Elke Stein-Hölkeskamp (Hrsg.)
Erinnerungsorte der Antike

Die römische Welt
2006. 797 Seiten mit 117 Abbildungen und Karten. Leinen

Allan und Cecilia Klynne
Das Buch der antiken Rekorde

777 Höchstleistungen zum Staunen
Aus dem Schwedischen von Holger Wolandt
2007. 288 Seiten mit 72 Abbildungen. Bedruckter Pappband

Leonhard Schumacher
Sklaverei in der Antike

Alltag und Schicksal der Unfreien
2001. 368 Seiten mit 146 Abbildungen. Leinen

Hildegard Temporini-Gräfin Vitzthum (Hrsg.)
Die Kaiserinnen Roms

Von Livia bis Thedora
2002. 530 Seiten mit 58 Abbildungen. Leinen

C.H.BECK **WISSEN**

in der Beck'schen Reihe

Zuletzt erschienen:

2213: Walter, **Haydns Sinfonien**
2214: Müller, **Andrew Lloyd Webbers Musicals**
2215: Bockmaier, **Händels Oratorien**
2364: Schreiner, **Konstantinopel**
2391: Bleckmann, **Der Peloponnesische Krieg**
2395: Bossong, **Das Maurische Spanien**
2406: Konrad, **Geschichte der Schule**
2407: Kolb, **Das antike Rom**
2408: Keidel, **Migräne**
2412: Hennicke/Fischedick, **Erneuerbare Energien**
2413: Benz, **Die Protokolle der Weisen von Zion**
2414: Kamp, **Burgund**
2415: Leppin, **Die christliche Mystik**
2416: Schuh, **Biowetter**
2417: Streit, **Was ist Biodiversität?**
2418: Otto, **Das antike Jerusalem**
2419: Simek, **Die Edda**
2421: Holzberg, **Ovids Metamorphosen**
2422: Schröter, **Geschichte Skandinaviens**
2423: Reinhard, **Geschichte des modernen Staates**
2424: Geulen, **Geschichte des Rassismus**
2425: Klinger, **Die Hethiter**
2427: Mehl, **Shakespeares Hamlet**
2428: Sarnowsky, **Der Deutsche Orden**
2430: Köckert, **Die Zehn Gebote**
2431: Maaß, **Das antike Delphi**
2432: Schneider, **Geschichte der antiken Technik**
2433: Stickler, **Die Hunnen**
2434: Petersdorff, **Geschichte der deutschen Lyrik**
2435: Samerski, **Johannes Paul II.**
2436: Nachtigall, **Bionik**
2437: Dreher, **Das antike Sizilien**
2438: Bossong, **Die Sepharden**
2440: Stroh, **Cicero**
2441: Schlögl, **Echnaton**
2442: Hoffmann, **Max Planck**
2443: Sallaberger, **Das Gilgamesch-Epos**
2504: Büttner, **Rubens**
2508: Schlink, **Tizian**
2509: Zimmermann, **Lovis Corinth**
2551: Hölscher, **Die griechische Kunst**
2552: Zanker, **Die römische Kunst**
2553: Deckers, **Die frühchristliche und byzantinische Kunst**
2556: Tönnesmann, **Die Kunst der Renaissance**
2601: Weber/Wehling, **Geschichte Baden-Württembergs**
2605: Elmshäuser, **Geschichte Bremens**
2614: Tullner, **Geschichte Sachsen-Anhalts**